Tania von Minding

Alternative Diktatformen

Band 1: Abschrift und Wörterbucharbeit

1./2. Klasse

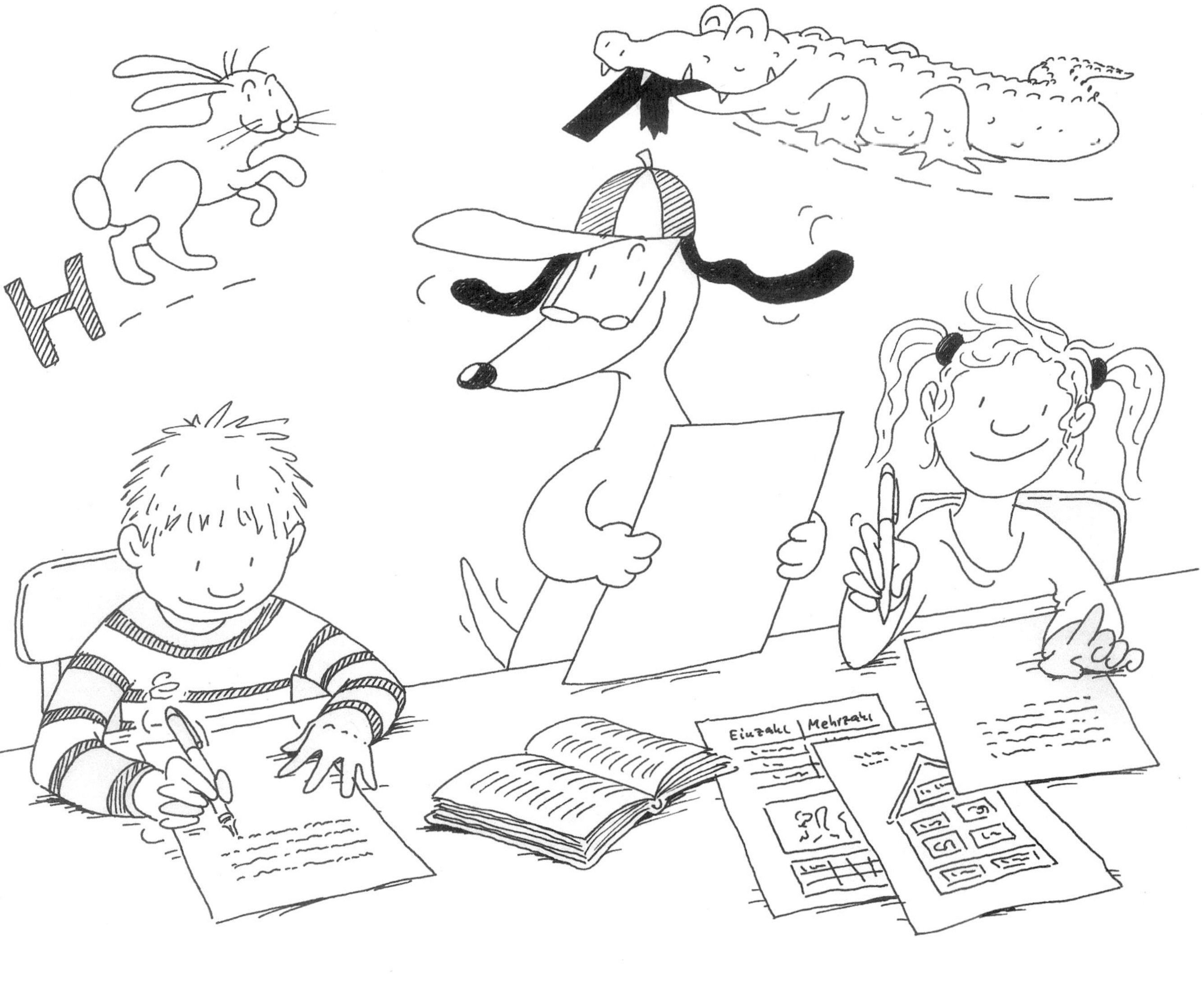

Persen Verlag

Die Autorin

Tania von Minding studierte Grundschulpädagogik und Deutsch und ist seit fast 20 Jahren als Grundschullehrerin und Mentorin in Koblenz tätig. Nach der Arbeit als Austauschlehrerin in Frankreich und einem Fernstudium *Deutsch als Fremdsprache* beim Goetheinstitut absolvierte sie eine Ausbildung zum NLP-Practitioner (Neurolinguistisches Programmieren). Inzwischen ist sie seit mehreren Jahren als Referentin in der Lehrerfort- und Weiterbildung tätig. Ihre Arbeitsschwerpunkte sind unter anderem Kommunikationstraining und Streitschlichtungskonzepte für den Grundschulbereich.

Die Autorin wünscht sich einen veränderten Rechtschreibunterricht, der sich integrativ vollzieht und den Kindern neben der Vermittlung verschiedener Arbeitstechniken genügend Zeit und Raum zum Entdecken und zum kreativen Umgang mit Sprache lässt.

Mehr Informationen über die Autorin und Fortbildungsveranstaltungen finden Sie unter:
www.taniavonminding.de

Fortbildungsanfragen bitte unter
www.pädagogisches-atelier.de

Anregungen und konstruktives Feedback zu den Büchern können persönlich an die Autorin gerichtet werden unter:
E-Mail: info@taniavonminding.de

Gedruckt auf umweltbewusst gefertigtem, chlorfrei gebleichtem und alterungsbeständigem Papier.

4. Auflage 2017
© 2010 Persen Verlag, Hamburg
AAP Lehrerfachverlage GmbH
Alle Rechte vorbehalten

Illustrationen: Barbara Gerth
Satz: Satzpunkt Ursula Ewert GmbH

ISBN 978-3-8344-3283-4

www.persen.de

Liebe Kolleginnen und Kollegen,

nachdem die ersten beiden Bände der Alternativen Diktatformen bereits guten Anklang fanden, wird deutlich, wie groß die Suche und die Nachfrage nach echten Alternativen zum klassischen Diktat sind.

Immer kritischer merken Lehrkräfte an, dass sich durch das klassische Diktat nur ein Teil der laut der Bildungsstandards zu erwerbenden Kompetenzen abprüfen lässt.

Fast ausschließlich handelt es sich dabei um Kompetenzen, die sich schwerpunktmäßig auf die auditive Wahrnehmung, die Konzentration und das Sinnverständnis beziehen.

Es ist ein einseitiges Rechtschreibtraining, welches nicht allen Kindern gerecht wird. Meist wird dabei ein gutes Wortbildgedächtnis abgerufen, während die erworbenen Arbeitstechniken und Rechtschreibstrategien weniger Gewicht erhalten.

Mit diesem Band möchte ich Ihnen deshalb Anregungen geben, Ihren Rechtschreibunterricht bereits frühzeitig im ersten und zweiten Schuljahr zu öffnen und neben den klassischen Diktaten alternative Diktatformen mit einfließen zu lassen.

Der Schwerpunkt dieses Bandes liegt eindeutig auf der Arbeitstechnik des richtigen Abschreibens, zu dem Sie zahlreiche Texte im 1. Kapitel finden.

Um Kinder davor zu bewahren, Buchstaben abzumalen, müssen wir ihnen eine sinnvolle Vorgehensweise ins Abschreiben vermitteln. Dabei kommt auch dem Textverständnis eine wesentliche Bedeutung zu. Denn wenn das Kind die Bedeutung dessen, was es schreibt, nicht versteht, beginnt es Buchstaben abzumalen.

Alle Übungen in diesem Band sind bereits vorbereitende Übungen auf die Texte und Arbeitstechniken in Band 3 und 4.

Arbeiten Sie mit diesen kontinuierlich im 1. und 2. Schuljahr, können Sie im 3. und 4. Schuljahr problemlos mit den darauf aufbauenden und differenzierteren Übungsformen der Folgebände fortfahren.

Bei den dargebotenen Formen geht es anbahnend um das Erforschen von Rechtschreibung, das Nachdenken über Wortstrukturen, das Anwenden von Arbeitstechniken und Rechtschreibstrategien.

Die vorgestellten Diktatformen bauen spiralförmig aufeinander auf und sind integrativ angelegt. Die Vernetzung der einzelnen Aufgabenbereiche richtet sich nach den aktuellen Bildungsstandards Deutsch für die Primarstufe.

Sie können das Material jederzeit unabhängig von Ihrem Deutschlehrwerk zu Übungszwecken oder auch zu Lernzielkontrollen heranziehen. Aus diesem Grund fiel meine Auswahl schwerpunktmäßig auf jahreszeitliche Kurzgeschichten und informierende interessante Sachtexte. Das Material lässt sich in Form des offenen Unterrichts oder auch des traditionellen Unterrichts einsetzen.

Da alle Übungsformen ähnlich aufgebaut sind, werden die Kinder nach einer kurzen Einführung recht selbstständig damit umgehen können.

Zur inneren Differenzierung liegt jede Übung in mindestens drei verschiedenen Anforderungsniveaus vor. Der Schwierigkeitsgrad * ist als zusätzliches Material gedacht und im Anspruch höher als die Niveaustufe 3. Die Kennzeichnung der Niveaustufen finden Sie jeweils in der Klammer hinter der Textüberschrift.

Ein moderner Rechtschreibunterricht sollte neben den vermittelten Arbeitstechniken und Rechtschreibstrategien auch Zeit für kindgemäße Selbstreflexionen lassen. Dazu enthalten die ersten beiden Kapitel jeweils sogenannte Rechtschreibportfolios.

Im dritten Kapitel finden Sie weiteres anschauliches Übungs- und Arbeitsmaterial, welches Sie dabei unterstützen soll, den Kindern die Rechtschreibstrukturen näherzubringen.

Nun wünsche ich Ihnen viele interessante Erfahrungen beim Einsatz alternativer Diktatformen.

Anregungen und Verbesserungswünsche nehme ich dankbar entgegen.

Übersicht

Texte	Seite	Stufe	Jahreszeit
Silbenwörter Personen	15	1	
Silbenwörter Gegenstände	16	1	
Es ist Herbst	18	1/2	H
Es ist Advent	20	1/2	W
Zusatzmaterial: 24 Adventswörter	22	1	W
Tiere im Winter	24	1	W
Der Osterhase	26	1	F
Satzgeschichte Herbst	28	2	H
Satzgeschichte Winter	30	2	W
Schneeflocken	32	2	W
Satzgeschichte Frühling	34	2	F
Satzgeschichte Sommer	36	2	S
Mischgeschichte Tag und Nacht	38	2	
Mischgeschichte Frühling und Winter	41	2	F/W
Mischgeschichte Sommer und Herbst	44	2	S/H
Gedicht: Die Fliege	47	2	
Gedicht: Die Mondmaus	50	2	
Zusatzmaterial: Adventskrimi	53	2	W

Das richtige Abschreiben ist eine der ersten und wesentlichen Arbeitstechniken, welche die Kinder im 1. Schuljahr erwerben.

In diesem Kapitel finden Sie eine Vielzahl von Texten unterschiedlicher Länge und Anforderungsniveaus zur Abschrift.

Um das richtige Abschreiben mit den Kindern zu trainieren, sollten Sie die Arbeitstechnik bereits frühzeitig in den Unterricht einführen. So beginnt dieses Kapitel mit vorrangig lautgetreuen Silbenwörtern zu einem Themengebiet. Die meisten dieser Wörter entsprechen dem im Rahmen des Erstlesens erlernten Wortschatz und finden sich auch in Wörterlisten und Wörterbüchern für das 1. Schuljahr wieder.

Die Bedeutung des Silbenlesens und Silbensprechens für das Erstlesen und das richtige Schreiben wird nun auch verstärkt in den Erstlesebüchern sowie Fibeln veranschaulicht und soll auch in diesem Kapitel einen Schwerpunkt bilden. Deshalb sind in den Texten zum Teil die Silben hervorgehoben.

Lassen Sie die Kinder beim Erlesen und vor dem Abschreiben Silbenbögen unter die Wörter malen, um das Sprechen und Abschreiben in Silben zu unterstützen. Des Weiteren ist eine Gliederung von Sätzen und Texten in Sinnabschnitte oder Merkhäppchen als Abschreibhilfe notwendig.

Auf diese Weise merken sich die Kinder einzelne Wörter bzw. Sinnzusammenhänge, anstatt die Buchstaben einfach nur abzumalen. Wortbilder, und nicht einzelne Buchstaben sollen sich einprägen.

Insofern ist das sehr kleinschrittige Vorgehen beim Abschreiben anfangs unbedingt erforderlich, denn nur so prägen sich die Kinder die Arbeitstechnik des richtigen Schreibens und Kontrollierens ein und automatisieren diese allmählich.

Die Arbeitstechnik-Karten (siehe S. 8–13) liegen deshalb auch in drei Differenzierungsstufen vor und können direkt beim Abschreiben der ersten Wörter in der Klassenstufe 1 eingeführt werden. Mit einem * gekennzeichnete Arbeitsschritte auf den Karten stellen freiwillige bzw. zusätzliche Aufgaben dar.

Schwerpunktmäßig sind die Übungsformen auf das Gliedern der Wörter in Silben, das Gliedern der Sätze in Textbausteine, das Großschreiben der Satzanfänge und Überschriften, das Abgrenzen von Wörtern, das Textverständnis und das Erkennen von Namenwörtern ausgerichtet (vgl. vereinfachtes Rechtschreibhaus Stufe 1–2, S. 99–100).

Einige der vorliegenden Texte lassen sich jahreszeitlich einordnen und sind dementsprechend gekennzeichnet. Es ist auch möglich, diese mit Texten aus dem zweiten Kapitel zu kombinieren, so dass weitere Differenzierungsmöglichkeiten bestehen.

Nach der Einführung in die Arbeitstechnik der Abschrift und der Kontrollkarte, können die Schüler selbstständig in Form eines Wochenplans mit den Texten arbeiten. Im Anhang finden Sie zu allen Übungen die Lösungsblätter. Die vier Satzgeschichten könnten Sie zum Üben auch auf einen Satz pro Wochentag verteilen.

Es bietet sich an, die Texte in Form einer Kartei mit Kennzeichnung des Schwierigkeitsgrades in der Klasse aufzustellen.

Jedes Kind sollte seine eigene, laminierte Abschreib- bzw. Kontrollkarte besitzen.

Die Schritte zur Abschrift sollten Sie möglichst im Klassenraum gut sichtbar aushängen und regelmäßig von den Kindern verbalisieren lassen.

Alle Texte eignen sich auch dazu, als Leistungsnachweis im Klassenverband oder zur individuellen Lernzielkontrolle herangezogen zu werden. Vorschläge zur Bewertung finden Sie auf Seite 55–56.

Tania von Minding: Alternative Diktatformen
© Persen Verlag

Darüber hinaus können Sie weitere rechtschriftliche Übungen zum Wortmaterial der Texte in den Unterricht integrieren. Wichtig dabei ist, dass der Text als thematische Klammer bestehen bleibt.

Die Schülerselbstreflexion in Form eines Rechtschreibportfolios sollten Sie ein- bis zweimal im Halbjahr mit den Kindern durchführen und diese anschließend mit ihnen besprechen.

Bezug zu den Bildungsstandards im Fach Deutsch für den Primarbereich vom 15.10.2004

Die Abschrift

Richtiges Abschreiben unterschiedlicher Textformen

Kompetenzbereiche	Kompetenzen
Lesen	+ über Lesefähigkeiten verfügen
Schreiben – Richtig Schreiben	+ über Schreibfertigkeiten verfügen + eine gut lesbare Handschrift flüssig schreiben + Arbeitstechniken nutzen: methodisch sinnvoll abschreiben + geübte, rechtschreibwichtige Wörter normgerecht schreiben + Rechtschreibstrategien verwenden: Mitsprechen, Ableiten, Einprägen + Texte auf orthografische Richtigkeit überprüfen und korrigieren + Zeichensetzung beachten + Rechtschreibhilfen (Wörterbuch) verwenden

Vorderseite

Kontrollfenster ✂

So schreibst du ein Wort richtig ab (1):

1.

2.

3.

4.

5.

Rückseite

So kontrolliere ich meine Wörter (1):

1. Name

2. Na me

3. Name

Tania von Minding: Alternative Diktatformen
© Persen Verlag

Vorderseite

Kontrollfenster ✂

So schreibst du ein Wort richtig ab (2):

1.  Lies genau.

2.  Sprich in Silben.
 *Male Silbenbögen darunter.

3. Stell dir das Wort vor.

4. Schreibe es auf.

5. Kontrolliere genau (Silbe für Silbe).

Rückseite

So kontrolliere ich meine Wörter (2):

1. **N**ame Anfangsbuchstabe: groß oder klein?

2. Na me Ich kontrolliere Silbe für Silbe.

3. Nam**e** Wortende: alle Buchstaben geschrieben?

Vorderseite

Kontrollfenster ✂

So schreibst du ein Wort richtig ab (3):

1. Lies das Wort genau.

2. Sprich das Wort in Silben.
   *Male Silbenbögen darunter.

3. Decke das Wort ab und stell es dir vor.

4. Schreibe es auswendig auf.

5. Kontrolliere genau (Silbe für Silbe).

Rückseite

So kontrolliere ich meine Wörter (3):

1. N|ame Ich achte auf den 1. Buchstaben:
   Wird er groß- oder kleingeschrieben?

2. Na me Ich kontrolliere Silbe für Silbe.

3. Nam|e Ich achte auf das Wortende:
   Habe ich alle Buchstaben am Ende des
   Wortes geschrieben?

Vorderseite

Kontrollfenster ✂

So schreibst du einen kurzen Satz richtig ab (1):

1. Lies den ganzen Satz. Zähle die Wörter.

2. Lies das 1. Wort genau und sprich es in Silben.
   *Male Silbenbögen darunter.

3. Decke das Wort ab und stell es dir vor.

4. Schreibe es auswendig auf.

5. Kontrolliere Wort für Wort.

Rückseite

So kontrolliere ich meine Sätze (1):

1. Satzanfang groß?

2. Satzende Punkt?

3. Wortabstand?

4. Alle Wörter?

5. Name — Wörter großgeschrieben?

6. Alle Wörter richtig?

Vorderseite

Kontrollfenster

So schreibst du einen längeren Satz richtig ab (2):

1. Lies den ganzen Satz. Zähle die Wörter.

2. Lies die ersten 2–3 Wörter genau.
   Sprich jedes Wort in Silben.
   *Male Silbenbögen darunter.

3. Decke den Satz ab und stell dir die Wörter vor.

4. Schreibe sie auswendig auf.

5. Kontrolliere Wort für Wort.

Rückseite

So kontrolliere ich meine Sätze (2):

1. Ich habe den Anfangsbuchstaben des 1. Wortes großgeschrieben.

2. Ich habe am Ende des Satzes einen Punkt gesetzt.

3. Ich habe zwischen den Wörtern genug Abstand gelassen.

4. Ich habe alle Wörter im Satz abgeschrieben.

5. Ich habe alle Wörter, die großgeschrieben werden, auch großgeschrieben.

6. Ich habe alle Wörter richtig abgeschrieben.

Tania von Minding: Alternative Diktatformen
© Persen Verlag

Vorderseite

 Kontrollfenster ✂

So schreibst du kurze Texte richtig ab (3):

1. Lies den ganzen Text.

2. Lies jeden Satz genau und markiere Punkte und Kommas rot! (*schwierige Stellen)

3. Lies die ersten 2–3 Wörter genau. Sprich jedes Wort in Silben. *Male Silbenbögen darunter.

4. Decke den Satz ab und stell dir die Wörter vor.

5. Schreibe sie auswendig auf.

6. Kontrolliere Wort für Wort.

Rückseite

So kontrolliere ich meine Sätze (2):

1. Ich habe den Anfangsbuchstaben des 1. Wortes großgeschrieben.

2. Ich habe am Ende des Satzes einen Punkt gesetzt.

3. Ich habe zwischen den Wörtern genug Abstand gelassen.

4. Ich habe alle Wörter im Satz abgeschrieben.

5. Ich habe alle Wörter, die großgeschrieben werden, auch großgeschrieben.

6. Ich habe alle Wörter richtig abgeschrieben.

 **Lesen**

 **Sprechen**

 **Schreiben**

 **Markieren**

 **Einprägen**

 **Kontrollieren**

 **Weiterarbeiten**

Tania von Minding: Alternative Diktatformen
© Persen Verlag

Personen (1)

Papa, **Ma**ma
Oma, **O**pa, **Tan**te

Pirat, **Es**kimo
Matrose, **Dok**tor
Polizei, **Ni**kolaus

1. Lesen
2. Silben
3. Schreiben
4. Kontrollieren

Personen (2)

Papa, Mama, Oma, Opa, Tante
Pirat, Eskimo

Matrose, Doktor
Polizei, Nikolaus

1. Lesen
2. Silben
3. Schreiben
4. Kontrollieren

Zusatzaufgabe
∗ Schreibe so: Papa **mit** Mama

Personen (3)

PapaOmaOpaPolizeiTanteDoktor

PiratNikolausMatroseMamaEskimo

1. Lesen
2. Trennen
3. Silben
4. Schreiben
5. Kontrollieren

Zusatzaufgabe

* Schreibe so: Papa mit Mama

Gegenstände (1)

Sofa, **Lam**pe
Ufo, **Ra**ke**te**
Tele**fon**, **Ra**dio

Pinsel, **Ta**fel, **Schu**le, **Tin**te
Insel, **Pal**me

Lupe, **Schau**fel, **Ei**mer
Nase, **Blu**me, **Ro**se
Kalen**der**, **Fens**ter, **Fe**der

1. Lesen
2. Silben
3. Schreiben
4. Kontrollieren

Tania von Minding: Alternative Diktatformen
© Persen Verlag

Gegenstände (2)

So fa, Lam pe
U fo, Ra ke te

Te le fon, Ra di o
Pin sel, Ta fel, Schu le, Tin te
In sel, Pal me

Lu pe, Schau fel, Ei mer
Na se, Blu me, Ro se
Ka len der, Fens ter, Fe der

1. **Lesen**
2. **Silben verbinden**
3. **Schreiben**
4. **Kontrollieren**

Gegenstände (3)

InselPalme
UfoRakete
SofaLampe

NaseBlumeRose
TelefonRadio

PinselTafelSchuleTinte
LupeSchaufelEimer
KalenderFensterFeder

1. **Lesen**
2. **Trennen**
3. **Silben**
4. **Schreiben**
5. **Kontrollieren**

Es ist Herbst (1)

Es ist / Herbst.
Die **Kin**der / **las**sen / **Dra**chen **stei**gen.
Am **Him**mel / **flie**gen / **bun**te **Dra**chen.
(16 Wörter)

1. Lesen
2. Schwingen
3. Merken
4. Schreiben
5. Kontrollieren

Es ist Herbst (2)

es ist Herbst.
die Kinder / lassen / Drachen steigen.
am Himmel / fliegen / bunte Drachen.
(16 Wörter)

1. Lesen
2. Satzanfänge (3) rot markieren
3. Abschreiben
4. Kontrollieren

Tania von Minding: Alternative Diktatformen
© Persen Verlag

Es ist Herbst (3)

EsistHerbst.
DieKinderlassenDrachensteigen.
AmHimmelfliegenbunteDrachen.

(16 Wörter)

1. Lesen
2. Wörter trennen
3. Abschreiben
4. Kontrollieren

Es ist Herbst (*)

es ist herbst.
die kinder / lassen / drachen steigen.
am himmel / fliegen / bunte drachen.
ob einer / bis zu den wolken / fliegt?

(23 Wörter)

1. Lesen
2. Satzanfänge (4) rot markieren
3. Namenwörter (Nomen) blau unterstreichen (7)
4. Abschreiben
5. Kontrollieren

Es ist Advent (1)

Es ist / **Ad**vent.
Wir **ba**cken.
Ein **gu**ter Duft / liegt / in der Luft.
In der **Schu**le / riecht es / nach **Plätz**chen.
Sie **schme**cken / **le**cker.
(25 Wörter)

1. Lesen
2. Schwingen
3. Merken
4. Schreiben
5. Kontrollieren

Es ist Advent (2)

es ist / Advent.
wir backen.
ein guter Duft / liegt / in der Luft.
in der Schule / riecht es / nach Plätzchen.
sie schmecken / lecker.
(25 Wörter)

1. Lesen
2. Satzanfänge (5) rot markieren
3. Abschreiben
4. Kontrollieren

Tania von Minding: Alternative Diktatformen
© Persen Verlag

Es ist Advent (3)

EsistAdvent.
Wirbacken.
EinguterDuftliegtinderLuft.
InderSchuleriechtesnachPlätzchen.
Sieschmeckenlecker.

(25 Wörter)

1. Lesen
2. Wörter trennen
3. Abschreiben
4. Kontrollieren

Es ist Advent (*)

es ist advent.
wir backen.
ein guter duft liegt in der luft.
in der schule riecht es nach
plätzchen.
sie schmecken lecker.

(25 Wörter)

1. Lesen
2. Satzanfänge (5) rot markieren
3. Namenwörter (Nomen) blau
   unterstreichen (6)
4. Abschreiben
5. Kontrollieren

Zusatzmaterial: 24 Adventswörter (Stufe 1)

Idee

Die Kärtchen kopieren und ausschneiden. Sie werden nun täglich im Advent gezogen, laut vorgelesen, in Silben geklatscht und gegangen und dann aufgeschrieben.

Hält man die Reihenfolge ein, so ergibt sich daraus eine kleine „Adventsgeschichte" mit dem Grundwortschatz, den die Kinder zu dieser Zeit meist im 1. Schuljahr erworben haben.

Differenzierung 1:
Die Kinder schreiben nur das Wort auf/ab.

Differenzierung 2:
Der Kinder schreiben den ganzen Satz auf/ab.

Differenzierung 3:
Stärkere Schüler schreiben selbst kleine Sätze zum Wort.

Zusätzlich könnten die Kinder kleine Kalenderbildchen passend zu den Sätzen malen, so dass am Ende ein kleines Adventsbuch als Weihnachtsgeschenk entsteht.

Weiterarbeit

Das Wortmaterial eignet sich auch zur weiteren vertiefenden Arbeit, z.B. zum Sortieren nach Silbenanzahl, nach großgeschrieben Wörtern oder nach Wörtern mit bestimmten Silben.

Tania von Minding: Alternative Diktatformen
© Persen Verlag

1 Winter
Es ist **Win**ter.

2 kalt
Es ist kalt.

3 Kalender
Der **Ka**len**der** ist da.

4 raten
Die **Kin**der **ra**ten.

5 warten
Alle **war**ten.

6 Nikolaus
Der **Ni**ko**laus** ist da.

7 Schokolade
Schokolade ist **pri**ma.

8 Papa
Papa ist der **Ni**ko**laus**.

9 malen
Die **Kin**der **ma**len.

10 lesen
Mama will **le**sen.

11 Ofen
Der **Of**en ist warm.

12 Mama
Mama **war**tet.

13 duften
Es **duf**tet **pri**ma.

14 leise
Es ist **lei**se.

15 Kinder
Die **Kin**der **le**sen.

16 Fenster
Das **Fens**ter ist kalt.

17 Paket
Das **Pa**ket ist toll.

18 dunkel
Es ist **dun**kel.

19 Kerzen
Die **Ker**zen sind an.

20 rot
Die **Ker**zen sind rot.

21 Flammen
Die **Ker**ze hat **ei**ne **Flam**me.

22 warm
Die **Flam**me ist warm.

23 Tannen
Die **Tan**nen **duf**ten.

24 Wunder
Es ist ein **Wun**der.

Tiere im Winter (1)

Es ist kalt.

Die **Am**sel
ist auf
einem Ast.

Der **Ha**se
ist
im Gras.

Der **I**gel
ist
im Laub.

(22 Wörter)

1. Lesen
2. Schwingen
3. Merken
4. Schreiben
5. Kontrollieren

Tiere im Winter (2)

Es ist kalt.
Wo ist die **Am**sel?

_____

Wo ist der **Ha**se?

_____

Wo ist der **I**gel?

_____

1. Lesen
2. Ordne zu
3. Schreiben
4. Kontrollieren

Der **Ha**se / ist / im Gras.
Der **I**gel / ist / im Laub.
Die **Am**sel / ist / auf **ei**nem Ast.

(16 Wörter)

Tania von Minding: Alternative Diktatformen
© Persen Verlag

Tiere im Winter (3)

Es ist kalt.
Wo ist / die **Am**sel?
Die **Am**sel ist / auf **ei**nem Ast.

Wo ist / der **Ha**se?
Der **Ha**se ist / im Gras.

Wo ist / der **I**gel ?
Der **I**gel ist / im Laub.

(34 Wörter)

1. Lesen
2. Schwingen
3. Merken
4. Schreiben
5. Kontrollieren

Der Osterhase (1)

Es ist / **Os**tern.
Es ist / warm.

Der **Ha**se / ist im Gras.
Er malt / die **Ei**er an.

Wo ist / das **grü**ne Ei?
Es ist / im Gras.

Da kommt / **Ti**na.
Tina **fin**det / das Ei.
Tina / ist froh.
(37 Wörter)

1. Lesen
2. Merken
3. Schreiben
4. Kontrollieren

Der Osterhase (2)

Es ist / **Os**tern. / Es ist / warm.
Der **Ha**se / ist im Gras. / Er malt / die **Ei**er an.

Er malt / ein Ei rot.
Er malt / ein Ei **li**la.
Er malt / ein Ei gelb.
Er malt / ein Ei grün.

Dann holt er / **al**le **Ei**er. / Wo ist / das **grü**ne Ei?
Es ist / im Gras.

Da kommt / **Ti**na. / Sie **fin**det / das Ei.
Sie ist / froh.
(62 Wörter)

1. Lesen
2. Merken
3. Schreiben
4. Kontrollieren

Tania von Minding: Alternative Diktatformen
© Persen Verlag

Der Osterhase (3)

Es ist / **Os**tern.
Es ist / warm.

Der **Ha**se / ist im Gras.
Er malt / die **Ei**er an.

Er malt / ein Ei rot.
Er malt / ein Ei **li**la.
Er malt / ein Ei gelb.
Er malt / ein Ei grün.

Dann legt er / **al**le **Ei**er / ins Gras.
Da kommt / **Ti**na.
Sie **fin**det / das **ro**te Ei,
das **gel**be Ei /
und das **li**la Ei.
Wo ist / das **grü**ne Ei ?

Es hat sich / im Gras / **ver**steckt
und bleibt / **un**ent**deckt**.
(74 Wörter)

1. Lesen
2. Merken
3. Schreiben
4. Kontrollieren

Satzgeschichte Herbst (1)

Satzstreifen als Dosendiktat und zum Umknicken
nach Merkhäppchen

> Es ist Herbst / und sehr **win**dig.

> Zwei **Kin**der / **las**sen / **ei**nen **Dra**chen / **flie**gen.

> Da kommt / ein **hef**tiger / **Wind**stoß auf.

> Der **klei**ne **Jun**ge / kann die Schnur / nicht mehr **hal**ten.

> Der **Dra**chen / fliegt **hi**naus / in die Welt.

(36 Wörter)

1. **Lies genau.**
2. **Merke dir die Wörter bis zum Strich.**
3. **Schreibe die Wörter auf.**
4. **Kontrolliere Silbe für Silbe.**
5. **Arbeite weiter.**

Zusatzaufgabe
* Schreibe weiter.

Satzgeschichte Herbst (2)

Es ist Herbst / und sehr **win**dig.
Zwei **Kin**der / **las**sen / **ei**nen **Dra**chen / **flie**gen.
Da kommt / ein **hef**tig**er** / **Wind**stoß auf.
Der **klei**ne **Jun**ge / kann die Schnur / nicht mehr **hal**ten.
Der **Dra**chen / fliegt **hi**naus / in die Welt.

(36 Wörter)

1. **Lies genau.**
2. **Merke dir die Wörter bis zum Strich.**
3. **Schreibe die Wörter auf.**
4. **Kontrolliere Silbe für Silbe.**
5. **Arbeite weiter.**

Zusatzaufgabe
* Schreibe weiter.

Tania von Minding: Alternative Diktatformen
© Persen Verlag

Satzgeschichte Herbst (3)

Es ist Herbst und sehr windig.
Zwei Kinder lassen einen Drachen fliegen.
Da kommt ein heftiger Windstoß auf.
Der kleine Junge kann die Schnur nicht mehr halten.
Der Drachen fliegt hinaus in die Welt.

(36 Wörter)

1. Lies genau.
2. Trenne die Sätze durch Striche in Merkhäppchen.
3. Merke dir die Wörter bis zum Strich.
4. Schreibe die Wörter auf.
5. Kontrolliere Silbe für Silbe.
6. Arbeite weiter.

Zusatzaufgabe
* Schreibe weiter.

Satzgeschichte Herbst (*) und Weiterarbeit für Rechtschreibdetektive

Es ist Herbst und sehr **windig**.
Zwei Kinder lassen einen **Drachen** fliegen.
Da **kommt** ein heftiger Windstoß auf.
Der kleine **Junge** kann die Schnur nicht mehr halten.
Der Drachen **fliegt** hinaus in die Welt.

(36 Wörter)

1. Schreibe richtig ab.
2. Arbeite mit den unterstrichenen Wörtern weiter:
   Suche Reimwörter: <u>Drachen, fliegt, Junge</u>
   Schreibe in allen Personalformen auf: <u>kommen</u>
   Steigere: <u>windig</u>

Zusatzaufgabe
* Schreibe weiter.

Satzgeschichte Winter (1)
Satzstreifen als Dosendiktat und zum Umknicken
nach Merkhäppchen

Es ist **Win**ter / und sehr kalt.

Zwei **Kin**der / **bau**en **ei**nen / **gro**ßen / **Schnee**mann.

Da saust / ein **klei**ner **Jun**ge / mit **sei**nem **Schlit**ten / **her**an.

Er kann / nicht **brem**sen / und fährt / **ge**gen den / **wei**ßen Mann.

Der **Schnee**mann / **wa**ckelt, / und dann / fällt ihm / der Hut / vom Kopf /

und **lan**det / auf dem **Jun**gen.

(47 Wörter)

1. **Lies genau.**
2. **Merke dir die Wörter bis zum Strich.**
3. **Schreibe die Wörter auf.**
4. **Kontrolliere Silbe für Silbe.**
5. **Arbeite weiter.**

Satzgeschichte Winter (2)

Es ist Win ter / und sehr kalt.
Zwei Kin der / bau en ei nen / gro ßen Schnee mann.
Da saust / ein klei ner Jun ge / mit sei nem Schlit ten he ran.
Er kann / nicht mehr brem sen / und fährt / ge gen den / wei ßen Mann.
Der Schnee mann wa ckelt, / und dann fällt ihm / der Hut vom Kopf /
und lan det auf dem Jun gen.

(50 Wörter)

1. **Lies genau.**
2. **Verbinde die Silben zu Wörtern.**
3. **Merke dir die Wörter bis zum Strich.**
4. **Schreibe die Wörter auf.**
5. **Kontrolliere Silbe für Silbe.**
6. **Arbeite weiter.**

Tania von Minding: Alternative Diktatformen
© Persen Verlag

Satzgeschichte Winter (3)

Es ist Winter und sehr kalt.
Zwei Kinder bauen einen großen Schneemann.
Da saust ein kleiner Junge mit seinem Schlitten heran.
Er kann nicht mehr bremsen und fährt gegen den weißen Mann.
Der Schneemann wackelt, und dann fällt ihm der Hut vom Kopf
und landet auf dem Jungen.

(50 Wörter)

1. Lies genau.
2. Trenne die Sätze durch Striche in Merkhäppchen.
3. Merke dir die Wörter bis zum Strich.
4. Schreibe die Wörter auf.
5. Kontrolliere Silbe für Silbe.
6. Arbeite weiter.

Satzgeschichte Winter (*) und Weiterarbeit für Rechtschreibdetektive

Es ist Winter und sehr **kalt**.
Zwei Kinder bauen einen **großen** Schneemann.
Da saust ein kleiner Junge mit seinem **Schlitten** heran.
Er kann nicht mehr bremsen und **fährt** gegen den weißen Mann.
Der Schneemann **wackelt,** und dann fällt ihm der Hut vom Kopf
und landet auf dem Jungen.

(50 Wörter)

1. Schreibe richtig ab.
2. Arbeite mit den unterstrichenen Wörtern weiter:
   Suche Reimwörter: Schlitten
   Schreibe in allen Personalformen auf: fahren, wackeln
   Steigere: kalt, groß

Schneeflocken (1)

Schneeflo**cken** / **bil**den sich / in **ei**ner **Wol**ke.
Dafür muss / die **Tem**pe**ra**tur / in der **Wol**ke / **un**ter null Grad sein.
Nur dann / **ent**ste**hen** / aus den **Re**gen**trop**fen / **klei**ne **Schnee**flo**cken.**
Es sind / **win**zi**ge** / **Eis**kris**tal**le.
Sie **ver**kle**ben** / **mit**ein**an**der / und **fall**en dann / als **Schnee**flo**cke** / zur **Er**de.
(40 Wörter)

1. Lies genau.
2. Merke dir die Wörter bis zum Strich.
3. Schreibe die Wörter auf.
4. Kontrolliere Silbe für Silbe.
5. Arbeite weiter.

schneeflocken (2)

schneeflocken / bilden sich / in einer Wolke. / dafür muss /
die Temperatur / in der Wolke / unter null Grad sein. / nur dann entstehen /
aus den Regentropfen / kleine Schneeflocken.
es sind / winzige Eiskristalle. / sie verkleben / miteinander / und fallen dann /
als Schneeflocke / zur Erde.
(40 Wörter)

1. Lies genau
2. Markiere die Satzanfänge und die Überschrift rot (6).
3. Merke dir die Wörter bis zum Strich.
4. Schreibe die Wörter auf.
5. Kontrolliere Silbe für Silbe.
6. Arbeite weiter.

Tania von Minding: Alternative Diktatformen
© Persen Verlag

Schneeflocken (3)

SchneeflockenbildensichineinerWolke.
DafürmussdieTemperaturinderWolkeunternullGradsein.
NurdannentstehenausdenRegentropfenkleineSchneeflocken.
EssindwinzigeEiskristalle.
SieverklebenmiteinanderundfallendannalsSchneeflockezurErde.

(40 Wörter)

1. Lies genau
2. Trenne die Wörter (39).
3. Schreibe die Sätze ab.
4. Kontrolliere genau.

schneeflocken (*)

schneeflocken bilden sich in einer wolke. dafür muss die temperatur
in der wolke unter null grad sein. nur dann entstehen aus den regentropfen
kleine schneeflocken.
es sind winzige eiskristalle. sie verkleben miteinander und fallen dann als
schneeflocke zur erde.

(40 Wörter)

1. Lies genau.
2. Markiere die Satzanfänge und die Überschrift (6) rot.
3. Unterstreiche Namenwörter (Nomen) blau (11).
4. Schreibe die Sätze ab.
5. Kontrolliere genau.

Satzgeschichte Frühling (1)
Satzstreifen als Dosendiktat und zum Umknicken
nach Merkhäppchen

Es ist **Früh**ling, / und die **Son**ne / scheint.

Vor dem Haus / **spie**len / zwei **Kin**der.

Da **hö**ren sie / **et**was **auf**ge**regt zwit**schern.

Im **Zei**tungs**kas**ten / **ent**de**cken** sie / ein **Vo**gel**nest**.

Drei **klei**ne **Jung**vögel / **war**ten **da**rin / **hung**rig / auf **ih**re **Mut**ter.

(36 Wörter)

1. **Lies genau.**
2. **Merke dir die Wörter bis zum Strich.**
3. **Schreibe die Wörter auf.**
4. **Kontrolliere Silbe für Silbe.**
5. **Arbeite weiter.**

Satzgeschichte Frühling (2)

Es ist **Früh**ling, / und die **Son**ne / scheint.
Vor dem Haus / **spie**len / zwei **Kin**der.
Da **hö**ren sie / **et**was **auf**ge**reg**t / **zwit**schern.
Im **Zei**tungs**kas**ten / **ent**de**cken** sie / ein **Vo**gel**nest**.
Drei **klei**ne **Jung**vögel / **war**ten **da**rin / **hung**rig / auf **ih**re **Mut**ter.

(36 Wörter)

1. **Lies genau.**
2. **Merke dir die Wörter bis zum Strich.**
3. **Schreibe die Wörter auf.**
4. **Kontrolliere Silbe für Silbe.**
5. **Arbeite weiter.**

Tania von Minding: Alternative Diktatformen
© Persen Verlag

Satzgeschichte Frühling (3)

Es ist Früh ling, / und die Son ne / scheint.
Vor dem Haus / spie len / zwei Kin der.
Da hö ren sie / et was auf ge regt / zwit schern.
Im Zei tungs kas ten / ent de cken sie / ein Vo gel nest.
Drei klei ne Jung vö gel / war ten da rin / hung rig auf / ih re Mut ter.

(36 Wörter)

1. Lies genau.
2. Verbinde die Silben zu Wörtern.
3. Merke dir die Wörter bis zum Strich.
4. Schreibe die Wörter auf.
5. Kontrolliere Silbe für Silbe.
6. Arbeite weiter.

Satzgeschichte Frühling (*) und Weiterarbeit für Rechtschreibdetektive

Es ist Frühling, und die **Sonne** scheint.
Vor dem **Haus** spielen zwei Kinder.
Da hören sie etwas aufgeregt **zwitschern**.
Im Zeitungskasten **entdecken** sie ein Vogelnest.
Drei kleine Jungvögel warten darin **hungrig** auf ihre Mutter.

(36 Wörter)

1. Schreibe richtig ab.
2. Arbeite mit den unterstrichenen Wörtern weiter:
   Suche Reimwörter: <u>Sonne, Haus</u>
   Schreibe in allen Personalformen auf: <u>zwitschern, entdecken</u>
   Steigere: <u>hungrig</u>

Satzgeschichte Sommer (1)
Satzstreifen als Dosendiktat und zum Umknicken
nach Merkhäppchen

Es ist **Som**mer / und sehr heiß.

Die **Kin**der / **kau**fen sich / ein Eis / und **lau**fen / zum **Spiel**platz.

Da **stol**pert Jan / über **sei**ne Füße.

Er fällt hin / und **lan**det / mit **sei**ner **Na**se / im Eis.

Lecker, / nun hat er / **ei**ne **trop**fen**de** / **Scho**kola**den**na**se.

(41 Wörter)

1. Lies genau.
2. Merke dir die Wörter bis zum Strich.
3. Schreibe die Wörter auf.
4. Kontrolliere Silbe für Silbe.
5. Arbeite weiter.

Zusatzaufgabe
∗ Schreibe weiter.

Satzgeschichte Sommer (2)

Es ist Som mer / und sehr heiß.
Die Kin der / kau fen sich / ein Eis / und lau fen zum / Spiel platz.
Da stol pert Jan / ü ber sei ne Fü ße.
Er fällt hin / und lan det / mit sei ner Na se / im Eis.
Le cker, / nun hat er / ei ne trop fen de / Scho ko la den na se.

(41 Wörter)

1. Lies genau.
2. Verbinde die Silben zu Wörtern.
3. Merke dir die Wörter bis zum Strich.
4. Schreibe die Wörter auf.
5. Kontrolliere Silbe für Silbe.
6. Arbeite weiter.

Zusatzaufgabe
∗ Schreibe weiter.

Tania von Minding: Alternative Diktatformen
© Persen Verlag

Satzgeschichte Sommer (3)

Es ist Sommer / und sehr heiß.
Die Kinder / kaufen sich / ein Eis / und laufen / zum Spielplatz.
Da stolpert Jan / über seine Füße.
Er fällt hin / und landet / mit seiner Nase / im Eis.
Lecker, / nun hat er / eine tropfende / Schokoladennase.

(41 Wörter)

1. Lies genau.
2. Merke dir die Wörter bis zum Strich.
3. Schreibe die Wörter auf.
4. Kontrolliere Silbe für Silbe.
5. Arbeite weiter.

Zusatzaufgabe
* Schreibe weiter.

Satzgeschichte Sommer (*) und Weiterarbeit für Rechtschreibdetektive

Es ist Sommer und sehr **heiß**.
Die Kinder **kaufen** sich ein Eis und laufen zum Spielplatz.
Da **stolpert** Jan über seine Füße.
Er **fällt** hin und landet mit seiner Nase im Eis.
Lecker, nun hat er eine **tropfende** Schokoladennase.

(41 Wörter)

1. Schreibe richtig ab.
2. Arbeite mit den unterstrichenen Wörtern weiter:
   Suche Reimwörter: <u>kaufen, tropfende</u>
   Schreibe in allen Personalformen auf:
   <u>fallen, stolpern</u>
   Steigere: <u>heiß</u>

Zusatzaufgabe
* Schreibe weiter.

Mischgeschichte Tag und Nacht (1)

Es ist mitten in der **Nacht**.
Draußen spielen die Kinder am Bach.
Jörg liegt im Bett und schläft unruhig.
Es ist ein sonniger **Tag**.
Auf einmal rutscht Jörg aus und fällt mitten in das Wasser.
Auf einmal kratzt etwas am dunklen Fenster.
Schnell hält ihm ein Freund einen Stock hin.
Mutig steht Jörg auf und tastet sich durchs Zimmer.
Zum Glück kann er sich daran festhalten und sich ans trockene Ufer ziehen.
Im Mondlicht sieht er, dass es nur die Zweige sind, die der Wind an die
Fensterscheibe reibt.

1. Hier sind zwei Geschichten vermischt.
   Welche 5 Sätze gehören zur Nachtgeschichte? Unterstreiche sie blau.
2. Wähle eine Geschichte aus und schreibe sie ab.

Zusatzaufgabe
∗ Unterstreiche die Wörter, die dir den Hinweis zur Nachtgeschichte gegeben haben.

Tania von Minding: Alternative Diktatformen
© Persen Verlag

Mischgeschichte Tag und Nacht (2)

Es ist mitten in der Nacht. Draußen spielen die Kinder am Bach. Jörg liegt im Bett und schläft unruhig. Es ist ein sonniger Tag. Auf einmal rutscht Jörg aus und fällt mitten in das Wasser. Auf einmal kratzt etwas am dunklen Fenster. Schnell hält ihm ein Freund einen Stock hin. Mutig steht Jörg auf und tastet sich durchs Zimmer. Zum Glück kann er sich daran festhalten und sich ans trockene Ufer ziehen. Im Mondlicht sieht er, dass es nur die Zweige sind, die der Wind an die Fensterscheibe reibt.

1. Hier sind zwei Geschichten vermischt.
   Welche 5 Sätze gehören zur Nachtgeschichte? Unterstreiche sie blau.
2. Wähle eine Geschichte aus und schreibe sie ab.

Zusatzaufgabe
* Unterstreiche die Wörter, die dir den Hinweis zur Nachtgeschichte gegeben haben.

Mischgeschichte Tag und Nacht (3)

Es ist mitten in der Nacht draußen spielen die Kinder am Bach Jörg liegt im Bett und schläft unruhig es ist ein sonniger Tag auf einmal rutscht Jörg aus und fällt mitten in das Wasser auf einmal kratzt etwas am dunklen Fenster schnell hält ihm ein Freund einen Stock hin mutig steht Jörg auf und tastet sich durchs Zimmer zum Glück kann er sich daran festhalten und sich ans trockene Ufer ziehen im Mondlicht sieht er, dass es nur die Zweige sind, die der Wind an die Fensterscheibe reibt

1. Hier sind zwei Geschichten vermischt.
   Lies genau und setze die 10 Punkte.
2. Welche 5 Sätze gehören zur Nachtgeschichte? Unterstreiche sie blau.
3. Wähle eine Geschichte aus und schreibe sie ab.

Zusatzaufgabe
* Unterstreiche die Wörter, die dir den Hinweis zur Nachtgeschichte gegeben haben.

Mischgeschichte Frühling und Winter (1)

Es ist **Frühling** und die Sonne scheint.

Zwei Kinder bauen einen großen Schneemann.

Es ist **Winter** und sehr kalt.

Vor dem Haus spielen zwei Kinder auf der Wiese.

Da saust ein kleiner Junge mit seinem Schlitten heran.

Da hören sie etwas aufgeregt zwitschern.

Er kann nicht mehr bremsen und fährt gegen den weißen Mann.

Im Zeitungskasten entdecken sie ein Vogelnest.

Der Schneemann wackelt, und dann fällt ihm der Hut vom Kopf und landet auf dem Jungen.

Drei kleine Jungvögel warten darin hungrig auf ihre Mutter.

1. Hier sind zwei Geschichten vermischt.
   Welche 5 Sätze gehören zur Wintergeschichte? Unterstreiche sie blau.
2. Wähle eine Geschichte aus und schreibe sie ab.

Mischgeschichte Frühling und Winter (2)

Es ist Frühling und die Sonne scheint. Zwei Kinder bauen einen großen Schneemann. Es ist Winter und sehr kalt. Vor dem Haus spielen zwei Kinder auf der Wiese. Da saust ein kleiner Junge mit seinem Schlitten heran. Da hören sie etwas aufgeregt zwitschern. Er kann nicht mehr bremsen und fährt gegen den weißen Mann. Im Zeitungskasten entdecken sie ein Vogelnest. Der Schneemann wackelt, und dann fällt ihm der Hut vom Kopf und landet auf dem Jungen. Drei kleine Jungvögel warten darin hungrig auf ihre Mutter.

1. Hier sind zwei Geschichten vermischt.
   Welche 5 Sätze gehören zur Wintergeschichte? Unterstreiche sie blau.
2. Wähle eine Geschichte aus und schreibe sie ab.

Tania von Minding: Alternative Diktatformen
© Persen Verlag

Mischgeschichte Frühling und Winter (3)

Es ist Frühling und die Sonne scheint zwei Kinder bauen einen großen
Schneemann es ist Winter und sehr kalt vor dem Haus spielen zwei Kinder
auf der Wiese da saust ein kleiner Junge mit seinem Schlitten heran da
hören sie etwas aufgeregt zwitschern er kann nicht mehr bremsen und fährt
gegen den weißen Mann im Zeitungskasten entdecken sie ein Vogelnest der
Schneemann wackelt, und dann fällt ihm der Hut vom Kopf und landet auf
dem Jungen drei kleine Jungvögel warten darin hungrig auf ihre Mutter

1. Hier sind zwei Geschichten vermischt.
   Lies genau und setze die 10 Punkte.
2. Welche 5 Sätze gehören zur Wintergeschichte? Unterstreiche sie blau.
3. Wähle eine Geschichte aus und schreibe sie ab.

Zusatzaufgabe
* Unterstreiche die Wörter, die dir den Hinweis zur Wintergeschichte gegeben haben.

Mischgeschichte Sommer und Herbst (1)

Es ist **Sommer** und sehr heiß.
Zwei Kinder lassen einen Drachen fliegen.
Es ist **Herbst** und sehr windig.
Die Kinder kaufen sich ein Eis und laufen zum Spielplatz.
Da kommt ein heftiger Windstoß auf.
Der kleine Junge kann die Schnur nicht mehr halten.
Da stolpert Jan mit dem Eis in der Hand über seine Füße.
Der Drachen fliegt hinaus in die Welt.
Er fällt hin und landet mit seiner Nase im Eis.
Lecker, nun hat er eine tropfende Schokoladennase.

1. Hier sind zwei Geschichten vermischt.
    Welche 5 Sätze gehören zur Sommergeschichte? Unterstreiche sie rot.
2. Wähle eine Geschichte aus und schreibe sie ab.

Tania von Minding: Alternative Diktatformen
© Persen Verlag

Mischgeschichte Sommer und Herbst (2)

Es ist **Sommer** und sehr heiß. Zwei Kinder lassen einen Drachen fliegen.
Es ist **Herbst** und sehr windig. Die Kinder kaufen sich ein Eis und laufen zum
Spielplatz. Da kommt ein heftiger Windstoß auf. Der kleine Junge kann die
Schnur nicht mehr halten. Da stolpert Jan mit dem Eis in der Hand über
seine Füße. Der Drachen fliegt hinaus in die Welt. Er fällt hin und landet mit
seiner Nase im Eis. Lecker, nun hat er eine tropfende Schokoladennase.

1. Hier sind zwei Geschichten vermischt.
   Welche 5 Sätze gehören zur Sommergeschichte? Unterstreiche sie rot.
2. Wähle eine Geschichte aus und schreibe sie ab.

Mischgeschichte Sommer und Herbst (3)

Es ist **Sommer** und sehr heiß zwei Kinder lassen einen Drachen fliegen es ist **Herbst** und sehr windig die Kinder kaufen sich ein Eis und laufen zum Spielplatz da kommt ein heftiger Windstoß auf der kleine Junge kann die Schnur nicht mehr halten da stolpert Jan mit dem Eis in der Hand über seine Füße der Drachen fliegt hinaus in die Welt er fällt hin und landet mit seiner Nase im Eis lecker, nun hat er eine tropfende Schokoladennase

1. Hier sind zwei Geschichten vermischt.
   Lies genau und setze die 10 Punkte.
2. Welche 5 Sätze gehören zur Sommergeschichte? Unterstreiche sie rot.
3. Wähle eine Geschichte aus und schreibe sie ab.

Zusatzaufgabe
* Unterstreiche die Wörter, die dir den Hinweis zur Sommergeschichte gegeben haben.

Tania von Minding: Alternative Diktatformen
© Persen Verlag

Die Fliege (1)

Auf Ralf Peters Nase sitzt eine Fliege.
Na warte, wenn ich dich kriege.
Mal ist sie hier, mal ist sie dort.
Will ich sie schnappen, ist sie schon fort.
Sie zieht so ihre Kreise
auf ganz besondere Weise.
Dann fliegt sie in mein Ohr.
Und summt mir etwas vor.
Wie schön wäre es doch, selbst zu fliegen.
Und nicht nur auf dem Bett zu liegen.

(67 Wörter)

1. **Lies genau.**
2. **Unterstreiche Reimpaare mit gleicher Farbe.**
3. **Trenne die Sätze durch Striche in Merkhäppchen.**
4. **Schreibe das Gedicht richtig ab.**

Zusatzaufgabe
* Schreibe alle Reimpaare auf.

Die Fliege (2)

Auf Ralf Peters Nase sitzt eine _____.

Na warte, wenn ich dich _____.

Mal ist sie hier, mal ist sie _____.

Will ich sie schnappen, ist sie schon _____.

Sie zieht so ihre _____

auf ganz besondere _____.

Dann fliegt sie in mein _____.

Und summt mir etwas _____.

Wie schön wäre es doch, selbst zu _____.

Und nicht nur auf dem Bett zu _____.

(67 Wörter)

Die Fliege hat Wörter aus dem Gedicht mitgenommen:

| Fliege | dort | kriege | fort | Weise | Ohr | fliegen | Kreise | liegen | vor |

1. Lies genau.
2. Unterstreiche Reimpaare mit gleicher Farbe.
3. Setze die Reimwörter passend ins Gedicht ein.
4. Schreibe das Gedicht richtig ab.

Tania von Minding: Alternative Diktatformen
© Persen Verlag

Die Fliege (3)

Auf Ralf Peters Nase sitzt eine Fliege. Na warte, wenn ich dich kriege.
Mal ist sie hier, mal ist sie dort. Will ich sie schnappen, ist sie schon fort.
Sie zieht so ihre Kreise auf ganz besondere Weise. Dann fliegt sie in mein
Ohr. Und summt mir etwas vor. Wie schön wäre es doch, selbst zu fliegen.
Und nicht nur auf dem Bett zu liegen.

(67 Wörter)

1. Lies die Reimgeschichte genau.
2. Unterstreiche alle Reimwörter (10) grün.
3. Trenne die Verse durch Schrägstriche ab.
4. Schreibe die Geschichte in Versform richtig ab,
   so dass daraus ein Gedicht entsteht.

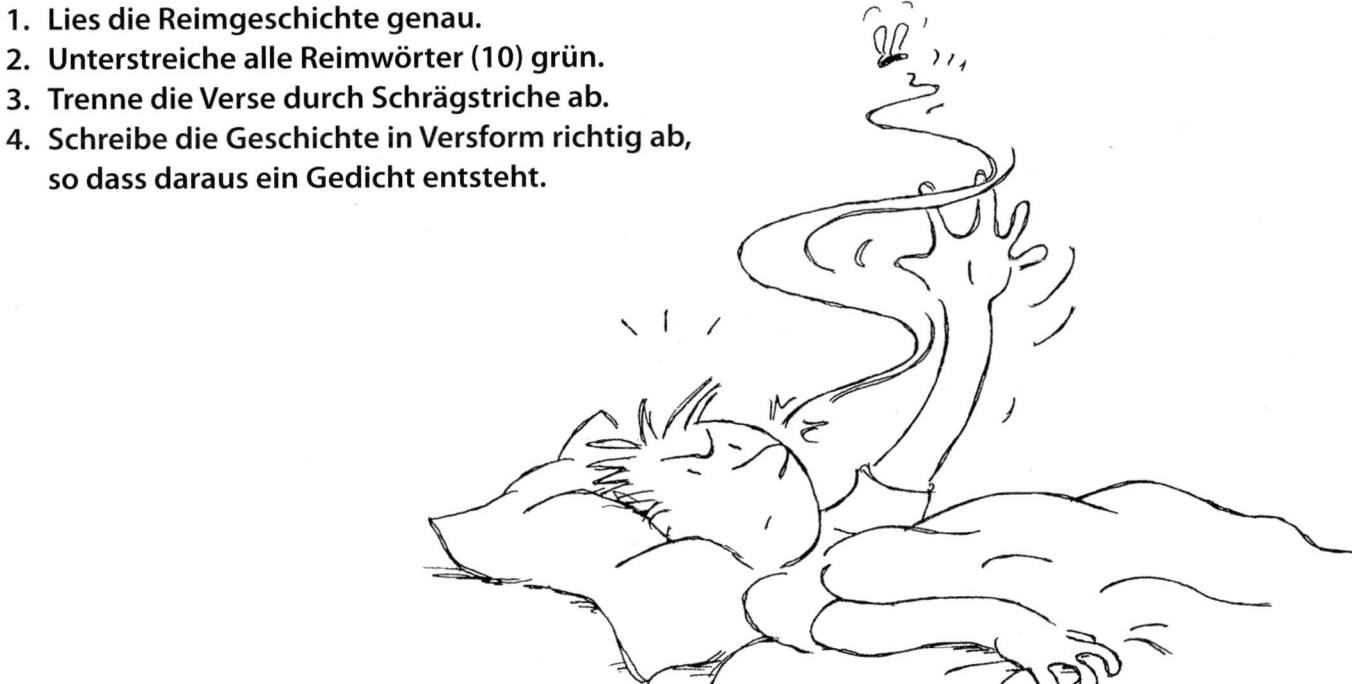

Die Mondmaus (1)

Heute startet die kleine Mondmaus ihre Reise.
Hoch hinauf will sie auf ganz besondere Weise.
Mit der Rakete auf zum Mond.
Ob sich das wohl lohnt?
Nun geht sie an den Start,
doch, halt, stopp, wart!
ruft da der Mäuserich.
Was willst du dort oben ohne mich?
Vergessen hast du deine Sachen.
Was willst du nur da oben machen?
Ohne Katzen, die dich jagen.
Ohne Menschen, die dich plagen.
Ohne an Käse und Wurst zu nagen.
Kannst du es mir sagen?
Du wirst doch nicht ohne mich starten!
Ich will nicht länger warten.
Ich komme mit!
Dann sind wir bald zu dritt!

(104 Wörter)

… und so starten sie durch in ein neues Leben!

1. **Lies genau.**
2. **Unterstreiche Reimpaare mit gleicher Farbe.**
3. **Trenne die Sätze durch Striche in Merkhäppchen.**
4. **Schreibe das Gedicht richtig ab.**

Zusatzaufgabe
* Schreibe alle Reimpaare auf.

Tania von Minding: Alternative Diktatformen
© Persen Verlag

Die Mondmaus (2)

Heute startet die kleine Mondmaus ihre _____.

Hoch hinauf will sie auf ganz besondere **Weise**

Mit der Rakete auf zum _____.

Ob sich das wohl **lohnt**?

Nun geht sie an den _____.

doch, halt, stopp, _____!

ruft da der **Mäuserich**.

Was willst du dort oben ohne _____?

Vergessen hast du deine _____.

Was willst du nur da oben _____?

Ohne Katzen, die dich _____.

Ohne Menschen, die dich _____.

Ohne an Käse und Wurst zu _____.

Kannst du es mir _____?

Du wirst doch nicht ohne mich **starten**!

Ich will nicht länger _____.

Ich komme _____!

Dann sind wir bald zu _____!

(104 Wörter)

Beim Start zum Mond sind die Wörter herausgefallen:

| Start | machen | **Mond** | jagen | wart | **warten** | nagen |
| dritt | **Reise** | mit | sagen | plagen | **mich** | Sachen |

1. **Lies genau.**
2. **Unterstreiche Reimpaare mit gleicher Farbe.**
3. **Setze die Reimwörter passend ins Gedicht ein.**
4. **Schreibe das Gedicht richtig ab.**

Die Mondmaus (3)

Heute startet die kleine Mondmaus ihre Reise. Hoch hinauf will sie auf ganz besondere Weise. Mit der Rakete auf zum Mond. Ob sich das wohl lohnt? Nun geht sie an den Start. Doch, halt, stopp, wart! ruft da der Mäuserich. Was willst du dort oben ohne mich? Vergessen hast du deine Sachen. Was willst du nur da oben machen? Ohne Katzen, die dich jagen. Ohne Menschen, die dich plagen. Ohne an Käse und Wurst zu nagen. Kannst du es mir sagen? Du wirst doch nicht ohne mich starten! Ich will nicht länger warten. Ich komme mit! Dann sind wir bald zu dritt!

(104 Wörter)

1. Lies die Reimgeschichte genau.
2. Unterstreiche alle Reimwörter (18) grün.
3. Trenne die Verse durch Schrägstriche ab.
4. Schreibe die Geschichte in Versform richtig ab, so dass daraus ein Gedicht entsteht.

Tania von Minding: Alternative Diktatformen
© Persen Verlag

Zusatzmaterial: Ein Adventskrimi in 24 Sätzen (Stufe 2)

Idee
Die Kärtchen kopieren und ausschneiden. Sie werden dann täglich gezogen und laut vorgelesen. Es könnte ein adventliches Ritual daraus erwachsen, indem der jeweilige Satz vorgelesen wird und die Kinder zum Fabulieren anregt. Danach sollten die Schüler das hervorgehobene Wort in Silben klatschen und als Wort des Tages (siehe Band 1 Stufe 3–4) genauer unter die Lupe nehmen (im Plenum, Einzel-, Partner- oder Gruppenarbeit). Anschließend schreiben sie den Satz auf.

Differenzierung 1
Der ganze Satz wird abgeschrieben, z. B. als Dosendiktat, Schleichdiktat.

Differenzierung 2
Partnerdiktat: Die Kinder diktieren sich den Satz gegenseitig.

Differenzierung 3
Eigendiktat: Stärkere Schüler schreiben selbst einen kleinen Satz zum Wort und kontrollieren mit dem Wörterbuch.

Verwendet man die vorgegebenen Sätze, ergibt sich am Ende ein kleiner Adventskrimi, der durch das offene Ende zum weiteren Fabulieren und freien Schreiben anregt.
Die sich wiederholenden Wörter lassen einen Lernfortschritt bei den Kindern beobachten.

Weiterarbeit
Anregungen zum freien Schreiben:
- Was steht in dem Brief?
- Was machen Tina und Simone mit dem Paket und den Edelsteinen?
- Wer war der seltsame Mann?

Abschlussidee
Als Weihnachtsgeschenk für die Klasse bringt die Lehrperson ein Paket mit kleinen Edelsteinen und eventuell einem Brief mit.

1 Es ist **Montagmorgen,** und Tina geht müde in die Schule.

2 Auf dem **Schulweg** sieht sie einen Mann vor einem Haus.

3 Der Mann **dreht** sich schnell um und geht weiter.

4 Das erscheint dem Mädchen **verdächtig.**

5 An der **nächsten** Ecke trifft sie ihre Freundin Simone.

6 Gemeinsam **beobachten** sie den seltsamen Mann.

7 Er hat einen braunen Mantel an und schwarze **Stiefel.**

8 Das Gesicht können die Mädchen nicht **erkennen.**

9 Sie sehen, wie er etwas aus seiner **Manteltasche** zieht.

10 Dann blickt er sich um und schaut genau in die **Richtung** der Mädchen.

11 **Erschrocken** ziehen die Kinder ihre Köpfe ein.

12 Ihre Herzen klopfen bis zum Hals, aber der Mann scheint sie nicht **bemerkt** zu haben.

13 **Vorsichtig** blickt Tina noch einmal um die Ecke.

14 Doch der seltsame Mann ist **verschwunden.**

15 Tina und Simone sind **erleichtert**, aber auch sehr neugierig.

16 **Mutig** gehen die Mädchen zurück zu dem Haus.

17 Sie **betrachten** die Briefkästen und lesen die Namen darauf.

18 Doch nichts gibt ihnen einen **Hinweis.**

19 Auf einmal sieht Simone auf dem Boden vor der Tür ein kleines **Päckchen** liegen.

20 Vorsichtig nimmt Tina es in die Hand und **liest** die drei Wörter darauf.

21 „Für den **Finder**", steht auf dem Päckchen.

22 Die Mädchen blicken sich **ratlos** an: Ist das Päckchen für sie?

23 **Neugierig** öffnen sie das kleine Paket.

24 Viele bunte **Edelsteine** befinden sich darin und ein Brief.

Tania von Minding: Alternative Diktatformen
© Persen Verlag

Beobachtungsbogen zur Bewertung der Abschrift (Stufe 1/2)

Übersicht über mögliche Kompetenzen

Name: _____

Erworbene Kompetenzen	☺	😐	☹
… verfügt über Lesefähigkeit, erliest alle Wörter im Text richtig/genau			
… erkennt Wort-/Satzgrenzen und hält diese ein			
… erkennt die Groß- und Kleinschreibung der Wörter und beachtet sie			
… beachtet Satzzeichen und erkennt Satzanfänge			
… kann Wörter in Silben zerlegen und nutzt dies zur Abschrift			
… Schreibfertigkeiten sind ausgeprägt, beherrscht Druckschrift/Schreibschrift			
… nutzt Arbeitstechniken des Abschreibens sinnvoll, kann Texte in Sinnabschnitte gliedern			
… kann Texte auf Richtigkeit überprüfen und korrigieren			
… kann Texte orthografisch korrekt abschreiben			
… schreibt zügig ab			
… kann Texte erschließen und sie sinnvoll rekonstruieren			
… erkennt Reimwörter und kann in Versform abschreiben			
Weitere Anmerkungen			

Alternatives Bewertungsschema zur Abschrift
Rückmeldung an Schüler/in durch Lehrer/in (Stufe 1)

Das kannst du	☺	😐	☹
Punkte	3	2	1
Du kannst Wörter richtig lesen und abschreiben.			
Du erkennst Silben.			
Du kannst Buchstaben und Wörter in Druckschrift/Schreibschrift abschreiben.			
Du achtest auf den Abstand zwischen den Wörtern.			
Du erkennst großgeschriebene Wörter.			
Du setzt Punkte und schreibst nach einem Punkt groß weiter.			
Tipps zum Üben:			

Alternatives Bewertungsschema zur Abschrift
Rückmeldung an Schüler/in durch Lehrer/in (Stufe 2)

Das kannst du	☺	😐	☹
Punkte	3	2	1
Du kannst Wörter und Sätze richtig lesen und abschreiben.			
Du kannst Wörter von der Druck- in die Schreibschrift übertragen.			
Du schreibst Überschriften und Satzanfänge groß.			
Du kannst dir kurze Sätze/Satzteile gut merken und auswendig aufschreiben.			
Du schreibst zügig ab.			
Du findest Fehler und korrigierst sie.			
Du kannst Sätze sinnvoll in Merkhäppchen gliedern.			
Tipps zum Üben:			

Tania von Minding: Alternative Diktatformen
© Persen Verlag

Name:	Klasse:	Datum:

Richtig abschreiben
Stufe 1

Das kann ich	😊	😐	☹
Ich erkenne Silben.			
Ich kann in Druckschrift/Schreibschrift schreiben.			
Ich halte Abstand zwischen den Wörtern.			
Ich erkenne großgeschriebene Wörter.			
Ich setze Punkte.			
Ich schreibe nach einem Punkt groß.			

Das nehme ich mir vor:

1. Ziel

2. Ziel

Unterschrift Schüler/in: _____   Unterschrift Lehrer/in: _____

Name:	Klasse:	Datum:

Richtig abschreiben
Stufe 2

Das kann ich	😊	😐	☹️
Ich kann Wörter und Sätze erlesen und richtig abschreiben.			
Ich kann Wörter von der Druck- in die Schreibschrift übertragen.			
Ich kann Sätze gut in Merkhäppchen gliedern.			
Ich schreibe Überschriften und Satzanfänge groß.			
Ich kann mir kurze Sätze/Satzteile gut merken und auswendig aufschreiben.			
Ich finde Fehler in meinem Text und korrigiere sie.			

Das nehme ich mir vor:

1. Ziel

2. Ziel

Unterschrift Schüler/in: _____   Unterschrift Lehrer/in: _____

Tania von Minding: Alternative Diktatformen
© Persen Verlag

Übersicht

Texte	Seite	Stufe	Jahreszeit
Silbenwörter: Tiere im Zoo	62	1	
Silbenwörter Tunwörter: In der Schule	64	1	
Fehlerbild Schneemänner	66	1/2	W
Sommer auf der Wiese	69	1/2	S
Tiere	71	1/2	
Sommer in der Stadt	74	2	S
Es ist Herbst	77	2	H
Komm, wir bauen einen Schneemann	80	2	W
Frühling	83	2	F
Der kleine Marienkäfer Max	86	2	F
Die Hausaufgabenhexe	89	2	

In diesem Kapitel geht es um das richtige Schreiben unter Zuhilfenahme des Wörterbuches.

Die Arbeitstechnik „Umgang mit dem Wörterbuch" ist sehr anspruchsvoll, wenn sie wirklich erfolgreich angewandt werden soll, wie es die Bildungsstandards für das Ende der Primarstufe vorsehen.

Deswegen sollte die Einführung in diese Arbeitstechnik den Kindern möglichst frühzeitig vermittelt werden, um zu einer vertrauten Arbeitsweise zu werden.

Viele Wörterbücher sind mittlerweile zweigeteilt und enthalten einen einfachen Wortschatz für das 1. und 2. Schuljahr. Die meisten heben zusätzlich die Wortarten speziell für das 1./2. Schuljahr farbig hervor, so dass eine Unterscheidung leicht ins Auge fällt.

Inzwischen findet man auch zunehmend Wörterbücher, die sich bereits auf das erste Schuljahr spezialisieren.

Sinnvoll ist es, den ersten Umgang mit dem Wörterbuch nach Sachgebieten geordnet durchzuführen, um damit gleichzeitig auch Sprachschatzarbeit zu leisten. Die Übungen in diesem Kapitel „Tiere im Zoo" und „In der Schule" sind unter diesem Gesichtspunkt für das 1. Schuljahr entstanden.

Während bei den späteren Übungen immer vom Textganzen ausgegangen wird, wird hier zunächst nur an Wortmaterial unter einem bestimmten Kontext geübt.

Voraussetzung für die Übungen in diesem Kapitel ist, dass die Kinder den Umgang mit dem Wörterbuch bereits gewöhnt sind und erste Regeln zum Nachschlagen kennen und anwenden können.

Die Übungen enthalten unterschiedliche Schwerpunkte und sind jeweils dreifach differenziert.

Einige Texte lassen sich jahreszeitlich einordnen und sind dementsprechend gekennzeichnet. Alle Texte in diesem Kapitel eignen sich außerdem zur Abschrift und lassen sich auch mit Texten aus dem ersten Kapitel kombinieren, so dass weitere Differenzierungsmöglichkeiten bestehen.

Neben dem Anwenden der Arbeitstechnik und dem Erfassen von Wortstrukturen, geht es u. a. auch um einfache Wortschatzarbeit und Textverständnis.

Zur integrativen Weiterarbeit bietet es sich an, die Schülerinnen und Schüler eigene Texte mit dem gesammelten Wortmaterial in Form eines Eigen- oder Partnerdiktates verfassen zu lassen.

Alle Texte können Sie jederzeit als Leistungsnachweis im Klassenverband oder zur individuellen Lernzielkontrolle heranziehen.

Vorschläge zur Bewertung finden Sie auf den Seiten 92–95.

Darüber hinaus können Sie weitere rechtschriftliche Übungen zum Wortmaterial der Texte in den Unterricht integrieren. Wichtig dabei ist, dass der Text als thematische Klammer bestehen bleibt.

Anregungen dazu finden Sie auch in den Bänden 1 und 2 für das 3. und 4. Schuljahr.

Die Schülerselbstreflexion in Form eines Rechtschreibportfolios sollten Sie ein- bis zweimal im Halbjahr mit den Kindern durchführen und diese anschließend mit ihnen besprechen.

Tania von Minding: Alternative Diktatformen
© Persen Verlag

Bezug zu den Bildungsstandards im Fach Deutsch für den Primarbereich vom 15.10.2004

Die Wörterbucharbeit

Richtiges Schreiben einzelner Wörter im Kontext mit Hilfe des Wörterbuches

Kompetenzbereiche	Kompetenzen
Lesen	+ über Lesefähigkeiten verfügen + altersgemäße Texte sinnverstehend lesen + Texte erschließen, gezielt einzelne Informationen suchen + Texte genau lesen
Schreiben – Richtig Schreiben	+ geübte, rechtschreibwichtige Wörter normgerecht schreiben + über Fehlersensibilität und Rechtschreibgespür verfügen + Rechtschreibhilfen verwenden: Wörterbuch, Computer + Arbeitstechniken nutzen: Umgang mit dem Wörterbuch + Grundlegende sprachliche Strukturen und Begriffe kennen und verwenden (Nomen, Verb usw.) + Wörter sammeln und ordnen + Wörter strukturieren und Möglichkeiten der Wortbildung kennen

Tiere im Zoo (1)

Krokodil
Tiger
Elefant
Hase
Papagei
Affe

1. Schlage die Tiere im Wörterbuch nach und sortiere sie nach Silben.

1 Silbe	Seite	2 Silben	Seite	3 Silben	Seite

Zusatzaufgabe
∗ Suche weitere Tiere im Wörterbuch und trage sie in die Tabelle ein.

Tiere im Zoo (2)

Krokodil   Papagei
Tiger   Ente
Kamel   Affe
Elefant   Giraffe
Hase   Salamander

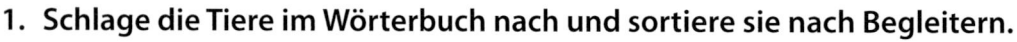

1. Schlage die Tiere im Wörterbuch nach und sortiere sie nach Begleitern.

der	Seite	die	Seite	das	Seite

Zusatzaufgabe
∗ Suche weitere Tiere im Wörterbuch und trage sie in die Tabelle ein.

Tania von Minding: Alternative Diktatformen
© Persen Verlag

Tiere im Zoo (3)

1. Schlage die Tiere im Wörterbuch nach und schreibe sie richtig in das Bild.

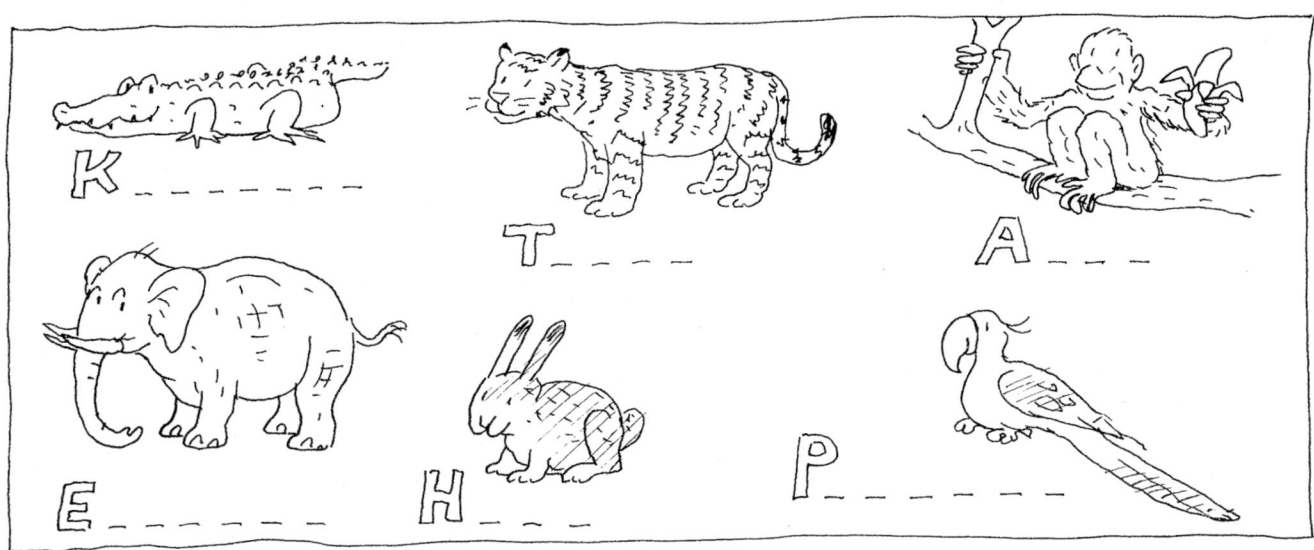

2. Schlage die Tiere im Wörterbuch nach und sortiere sie nach Begleitern.

der	Seite	die	Seite	das	Seite

3. Schreibe 2 Tiere mit dem Begleiter <u>die</u> aus dem Wörterbuch ab.

Zusatzaufgabe

∗ Erfinde besondere Tiere für den Zoo und male sie,
  z. B.: Tiger + Krokodil = Tigerkrokodil

In der Schule (1)

reden
lesen
danken
kleben
üben
singen

1. Schlage die Tunwörter im Wörterbuch nach.

Tunwort	Seite	Tunwort	Seite

2. Schreibe die Wörter ab und male Silbenbögen darunter.

Zusatzaufgabe
∗ Schreibe Sätze: Die Kinder …

In der Schule (2)

reden   danken
lesen   kleben
geben   üben
rufen   kommen

1. Schlage die Tunwörter im Wörterbuch nach.

Tunwort	Seite	Tunwort	Seite

2. Schreibe Sätze: Ich …

3. Was machst du noch in der Schule? Schreibe weitere Tunwörter auf und kontrolliere mit dem Wörterbuch.

Tania von Minding: Alternative Diktatformen
© Persen Verlag

In der Schule (3)

1. Schaue dir das Bild an. Was siehst du?

2. Schreibe 5 Namenwörter auf und kontrolliere sie mit dem Wörterbuch.

Namenwort mit Begleiter	Seite

3. Was machen die Kinder in der Schule? Schreibe 5 Tunwörter auf und kontrolliere sie mit dem Wörterbuch.

Tunwort	Seite

Zusatzaufgabe

* Wie ist es in der Schule?
  Schreibe Wiewörter zu dem Bild auf und kontrolliere sie mit dem Wörterbuch.

Wiewort	Seite

Schneemänner (1)

1. Sieh dir die beiden Schneemänner genau an.
   Finde 5 Unterschiede und kreise sie ein.

2. Schlage die Namenwörter (Nomen) im Wörterbuch nach
   und schreibe sie richtig auf.

Namenwort (Nomen) mit Begleiter (Artikel)	Seite

Tania von Minding: Alternative Diktatformen
© Persen Verlag

Schneemänner (2)

1. Sieh dir die beiden Schneemänner genau an.
   Finde die 8 Unterschiede und kreise sie ein.

2. Schlage die Namenwörter (Nomen) im Wörterbuch nach
   und schreibe sie richtig in die Tabelle.

Namenwort (Nomen) mit Begleiter (Artikel): Einzahl	Seite	Namenwort (Nomen) mit Begleiter (Artikel): Mehrzahl	Seite

Schneemänner (3)

1. Sieh dir die beiden Schneemänner genau an. Finde die 8 Unterschiede und kreise sie ein.

2. Schlage die Namenwörter (Nomen) im Wörterbuch nach und schreibe sie richtig in die Tabelle.

Namenwort (Nomen) mit Begleiter (Artikel): Einzahl	Seite	Namenwort (Nomen) mit Begleiter (Artikel): Mehrzahl	Seite

3. Setze die Wörter ein. Kontrolliere mit dem Wörterbuch.

Es ist W_____ (S.   ).

Die K_____ (S.   ) rodeln.

Der Schneemann wartet.

Die S_____ (S.   ) scheint warm.

Was ist mit dem Schneemann los?

Die N_____ (S.   ) tropft.

Zusatzaufgabe

* Schreibe weiter.

Tania von Minding: Alternative Diktatformen
© Persen Verlag

Sommer auf der Wiese (1)

Ein <u>Hase</u> **hop**pelt durch das Gras.
Eine <u>Biene</u> fliegt zur **Blu**me.
Auf dem **Bo**den **krab**belt eine <u>Ameise</u>.
Ein <u>Vogel</u> sitzt auf dem Baum.
Auf **ei**nem **grü**nen Blatt kriecht eine <u>Raupe.</u>

1. Suche die Tiere im Wörterbuch.

Tier mit Begleiter (Artikel)	Seite

Sommer auf der Wiese (2)

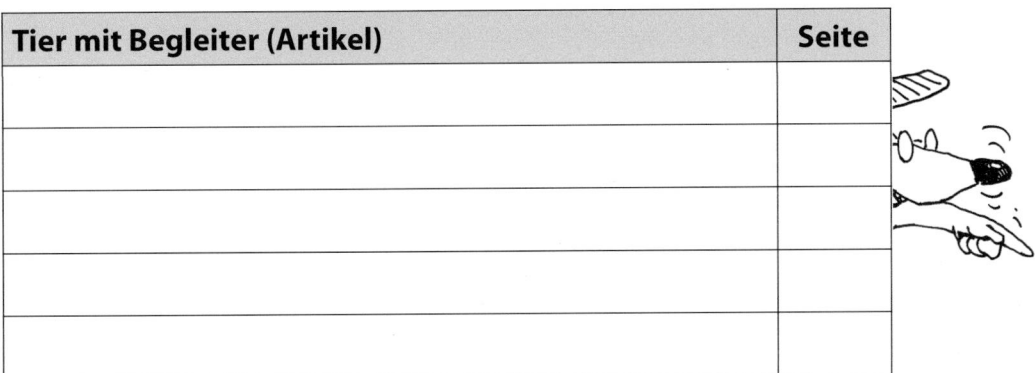

Ein H_____ hoppelt durch das Gras.

Eine B_____ fliegt zur **Blu**me.

Auf dem **Bo**den **krab**belt eine A_____ .

Ein V_____ sitzt auf dem Baum.

Auf **ei**nem **grü**nen Blatt kriecht eine R_____ .

1. Setze die Tiere ein.

2. Kontrolliere mit dem Wörterbuch.

Tier mit Begleiter (Artikel)	Seite

Sommer auf der Wiese (3)

Ein _____ hoppelt durch das Gras.

Eine _____ fliegt zur Blume.

Auf dem Boden krabbelt eine _____ .

Ein _____ sitzt auf dem Baum.

Auf einem grünen Blatt kriecht eine R_____ .

1. Setze die Tiere ein.
2. Kontrolliere mit dem Wörterbuch.

Tier mit Begleiter (Artikel): Einzahl	Tier mit Begleiter (Artikel): Mehrzahl	Seite

Zusatzaufgabe

* Schreibe weiter: Wer ist noch auf der Wiese?

Tania von Minding: Alternative Diktatformen
© Persen Verlag

Tiere (1)

Viele Kinder in unserer Klasse haben Tiere.
Darunter sind: <u>Hase</u>, <u>Fisch</u>, <u>Hund</u>, <u>Katze</u>, <u>Vogel</u> und <u>Hamster</u>.
Tiere können wie ein guter Freund sein.

(24 Wörter)

1. Schlage die Tiere im Wörterbuch nach und trage sie richtig in die Tabelle ein.

Einzahl mit Begleiter (Artikel)	Seite

2. Sortiere die Tiere nach dem ABC.

Zusatzaufgabe

* Hast du auch ein Tier? Erzähle davon.

Tiere (2)

Viele Kinder in unserer Klasse haben Tiere.

Darunter sind: H_____ , F_____ , H_____ ,

K_____ , V_____ und H_____ .

Tiere können wie ein guter Freund sein.

1. **Schlage die Tiere im Wörterbuch nach und trage sie richtig in den Text und in die Tabelle ein.**

Einzahl mit Begleiter (Artikel)	Seite

2. **Sortiere die Tiere nach dem ABC.**

_____

_____

Zusatzaufgabe

∗ Hast du auch ein Tier? Erzähle davon.

Tania von Minding: Alternative Diktatformen
© Persen Verlag

Tiere (3)

Viele Kinder in unserer Klasse haben Tiere.

Es gibt: _____ , _____ ,

_____ , _____ ,

_____ und _____ .

Tiere können wie ein guter Freund sein.

1. Schlage die Tiere im Wörterbuch nach und trage sie richtig in den Text und in die Tabelle ein.

Einzahl mit Begleiter (Artikel)	Mehrzahl mit Begleiter (Artikel)	Seite
	die	
	die	

2. Sortiere die Tiere nach dem ABC.

_____

_____

3. Welche Tiere kennst du noch?

Sommer in der Stadt (1)

Die <u>Sonne</u> strahlt am <u>Himmel</u> und verzaubert die <u>Stadt</u>.
Die Häuser leuchten golden im Sonnenlicht.
Der Springbrunnen wird zum Wasserspielplatz für Kinder.
Die Eisverkäufer verteilen bunte Eisbällchen an die wartenden Menschen.
Und wir sitzen mit einem <u>Eis</u> in der <u>Hand</u> auf der <u>Bank</u> im Schatten und
freuen uns über den schönen <u>Tag</u>.

(56 Wörter)

1. **Schlage die unterstrichenen Wörter im Wörterbuch nach und trage sie richtig
   in die Tabelle ein.**

Namenwörter (Nomen) mit Begleiter (Artikel)	Seite

2. **Sortiere die Namenwörter (Nomen) nach dem ABC.**

Tania von Minding: Alternative Diktatformen
© Persen Verlag

Sommer in der Stadt (2)

Die _____ ☀ strahlt am Himmel und verzaubert die Stadt.

Die _____ 🏠🏠🏠 leuchten golden im Sonnenlicht.

Der Springbrunnen wird zum Wasserspielplatz für _____ .

Die Eisverkäufer verteilen bunte Eisbällchen an die wartenden Menschen.

Und wir sitzen mit einem _____ 🍦 in der _____ ✋ auf der

_____ 🪑 im Schatten und freuen uns über den schönen Tag.

(56 Wörter)

Tipp: Ein Namenwort gibt es nur in der Einzahl.

1. Setze die Namenwörter (Nomen) richtig ein und kontrolliere mit dem Wörterbuch.

Namenwort (Nomen) mit Begleiter (Artikel): Einzahl	Namenwort (Nomen) mit Begleiter (Artikel): Mehrzahl	Seite

Sommer in der Stadt (3)

Die Sonne strahlt am Himmel und verzaubert die Stadt.
Die Häuser leuchten golden im Sonnenlicht.
Der Springbrunnen wird zum Wasserspielplatz für Kinder.
Die Eisverkäufer verteilen bunte Eisbällchen an die wartenden Menschen.
Und wir sitzen mit einem Eis in der Hand auf der Bank im Schatten und freuen uns über den schönen Tag.

(56 Wörter)

Sommer in der stadt (3)

Die Sonne strahlt am Himel und verzaubert die Stadt.
Die Heuser leuchten golden im Sonnenlicht.
Der Springbrunnen wird zum Wasserspielplatz für kinder.
Die Eisverkäufer verteilen bunte Eisbällchen an die wartenden Menchen.
Und wir sitzen mit einem Eis in der hand auf der Bank im Schaten und freuen uns über den schönen tag.

(56 Wörter)

1. **Vergleiche beide Texte miteinander. Unterstreiche 8 Unterschiede und kontrolliere die Wörter mit dem Wörterbuch.**

2. **Trage alle Wörter richtig in die Tabelle ein.**

Namenwort (Nomen) mit Begleiter (Artikel)	Seite

Tania von Minding: Alternative Diktatformen
© Persen Verlag

Es ist Herbst (1)

Mit seiner ganzen Kraft pustet der <u>Wind</u> die Blätter von den Bäumen.
Sie <u>fliegen</u> wild geworden durch die Luft.
Dann <u>fallen</u> sie langsam und leise zur <u>Erde</u>.
Dort bedecken sie den <u>Boden</u> wie ein wunderschöner farbiger
Herbstteppich.
Hörst du das Laub unter deinen Füßen <u>rascheln</u>, wenn wir über
den bunten Blätterteppich <u>gehen</u>?
Das ist ein <u>Geschenk</u> der Natur.

(61 Wörter)

1. **Schlage die unterstrichenen Wörter im Wörterbuch nach und trage sie richtig in die Tabelle ein.**

Tunwort (Verb)	Seite	Namenwort (Nomen) mit Begleiter (Artikel)	Seite

Es ist Herbst (2)

Mit seiner ganzen Kraft bewegt der Wind die B_____ und

pustet die B_____ herunter. Sie fliegen wild geworden durch

die Luft. Dann fallen sie langsam und leise zur Erde. Dort bedecken sie den

Boden wie ein wunderschöner farbiger T_____ .

Hörst du, wie deine F_____ durch das Laub rascheln, wenn du

über den bunten Blätterteppich gehst? Das ist ein G_____

der Natur.

(64 Wörter)

1. Setze die Wörter richtig in den Text ein und kontrolliere mit dem Wörterbuch.
2. Trage die Wörter richtig in die Tabelle ein.

Einzahl mit Begleiter (Artikel)	Mehrzahl mit Begleiter (Artikel)	Seite

Tania von Minding: Alternative Diktatformen
© Persen Verlag

Es ist Herbst (3)

Mit seiner ganzen Kraft pustet der <u>wind</u> die Blätter von den Bäumen.

Sie <u>fliegen</u> wild geworden durch die Luft.

Dann <u>Fallen</u> sie langsam und leise zur <u>Erde</u>.

Dort bedecken sie den <u>boden</u> wie ein wunderschöner farbiger

Herbstteppich.

Hörst du das Laub unter deinen Füßen <u>rascheln</u>, wenn wir über den

bunten Blätterteppich <u>Gehen</u>?

Das ist ein <u>geschenk</u> der Natur.

(61 Wörter)

1. Kontrolliere mit dem Wörterbuch und trage alle Wörter richtig in die Tabelle ein.

2. Streiche falsch geschriebene Wörter im Text durch und schreibe das Wort richtig darüber.

Tunwort (Verb)	Seite	Namenwort (Nomen) mit Begleiter (Artikel)	Seite

Komm, wir bauen einen Schneemann (1)

Hast du schon mal einen echten Schneemann gebaut?

Mit einer K_____ als N_____,

einem H_____, einem Sch_____

und einem B_____? Du kannst auch

große St_____ als K_____

verwenden. Wenn der Schnee nass genug ist, dann kannst du ihn prima

formen und zu einer großen K_____ rollen. Am besten geht das,

wenn du zunächst etwas Schnee in deine H_____ nimmst

und zu einem kleinen B_____ formst. Dann setzt du den Schneeball

auf die Schneewiese und rollst ihn so lange, bis du eine richtig dicke

Schneekugel hast. Für einen Schneemann brauchst du zwei oder drei dicke

Kugeln, die du dann aufeinandersetzen musst.

(106 Wörter)

1. Setze die Wörter richtig in den Text ein und kontrolliere mit dem Wörterbuch.
2. Trage die Wörter richtig in die Tabelle ein.

Einzahl mit Begleiter (Artikel)	Mehrzahl mit Begleiter (Artikel)	Seite

Tania von Minding: Alternative Diktatformen
© Persen Verlag

Komm, wir bauen einen Schneemann (2)

Hast du schon mal einen echten Schneemann gebaut ?

Mit einer K_____ 🥕 als N_____ 👃,

einem H_____ 🎩, einem Sch_____ 🧣

und einem B_____ 🧹 ? Du kannst auch

große St_____ 🪨🪨 als K_____ 🔘🔘

verwenden. Wenn der Schnee nass genug ist, dann kannst du ihn prima

formen und zu einer großen K_____ ⚪ rollen. Am besten geht das,

wenn du zunächst etwas Schnee in deine H_____ 🤲 nimmst

und zu einem kleinen B_____ ⚽ formst. Dann setzt du den Schneeball

auf die Schneewiese und rollst ihn so lange, bis du eine richtig dicke

Schneekugel hast. Für einen Schneemann brauchst du zwei oder drei dicke

Kugeln, die du dann aufeinandersetzen musst.

(106 Wörter)

1. Setze die Wörter richtig in den Text ein und kontrolliere mit dem Wörterbuch.
2. Trage die Wörter richtig in die Tabelle ein.

Einzahl mit Begleiter (Artikel)	Mehrzahl mit Begleiter (Artikel)	Seite

3. Ordne die Namenwörter (Nomen) nach dem ABC.

Komm, wir bauen einen Schneemann (3)

Hast du schon mal einen echten Schneemann gebaut?

Mit einer K_____ als N_____,

einem H_____, einem Sch_____

und einem B_____? Du kannst auch

große St_____ als K_____

verwenden. Wenn der Schnee nass genug ist, dann kannst du ihn prima

formen und zu einer großen K_____ rollen. Am besten geht das,

wenn du zunächst etwas Schnee in deine H_____ nimmst

und zu einem kleinen B_____ formst. Dann <u>setzt</u> du den Schneeball

auf die Schneewiese und <u>rollst</u> ihn so lange, bis du eine richtig dicke

Schneekugel <u>hast</u>. Für einen Schneemann <u>brauchst</u> du zwei oder drei dicke

Kugeln, die du dann aufeinandersetzen <u>musst</u>.

(106 Wörter)

1. Setze die Wörter richtig in den Text ein und kontrolliere mit dem Wörterbuch.

2. Trage die Wörter richtig in die Tabelle ein.

Einzahl mit Begleiter (Artikel)	Mehrzahl mit Begleiter (Artikel)	Seite

3. Schlage die unterstrichenen Tunwörter (Verben) im Wörterbuch nach.

Tunwort (Verb)	Tunwort (Verb) in der Grundform	Seite
du setzt		
du		
du		
du		
du		

Tania von Minding: Alternative Diktatformen
© Persen Verlag

Frühling (1)

Endlich ist der Frühling da.
Wir <u>riechen</u> ihn in der Luft.
Wir <u>sehen</u> ihn im <u>Garten</u>.
Die Tulpen blühen.
Wir <u>hören</u> ihn auf dem <u>Dach</u>.
Die Vögel <u>singen</u>.
Wir fühlen ihn im <u>Gesicht</u>.
Die <u>Sonne</u> scheint warm.
Kannst du den Frühling auch schmecken?

(44 Wörter)

1. **Schlage die unterstrichenen Wörter im Wörterbuch nach und trage sie richtig in die Tabelle ein.**

Tunwort (Verb)	Seite	Namenwort (Nomen) mit Begleiter (Artikel)	Seite

Frühling (2)

Endlich ist der Frühling da.

Wir <u>Riechen</u> ihn in der Luft.

Wir <u>sehen</u> ihn im <u>garten</u>.

Die Tulpen blühen.

Wir <u>hören</u> ihn auf dem <u>dach</u>.

Die Vögel <u>Singen</u>.

Wir fühlen ihn im <u>gesicht</u>.

Die <u>sonne</u> scheint warm.

Kannst du den Frühling auch schmecken?

(44 Wörter)

1. Kontrolliere mit dem Wörterbuch und trage alle Wörter richtig in die Tabelle ein.

2. Streiche falsch geschriebene Wörter im Text durch und schreibe das Wort richtig darüber.

Tunwort (Verb)	Seite	Namenwort (Nomen) mit Begleiter (Artikel)	Seite

Tania von Minding: Alternative Diktatformen
© Persen Verlag

Frühling (3)

Endlich ist der Frühling da.
Wir riechen ihn in der Luft.
Wir sehen ihn im Garten.
Die Tulpen blühen.
Wir hören ihn auf dem Dach.
Die Vögel singen.
Wir fühlen ihn im Gesicht.
Die Sonne scheint warm.
Kannst du den Frühling auch
schmecken?

(44 Wörter)

Frühling (3)

Endlich ist der Frühling da.
Wir Riechen ihn in der Luft.
Wir Sehen ihn im garten.
Die Tulpen blühen.
Wir Hören ihn auf dem dach.
Die Vögel Singen.
Wir fühlen ihn im gesicht.
Die sonne scheint warm.
Kannst du den Frühling auch
schmecken?

(44 Wörter)

1. Vergleiche beide Texte miteinander.
   Unterstreiche 8 Unterschiede und kontrolliere die Wörter mit dem Wörterbuch.

2. Trage alle Wörter richtig in die Tabelle ein.

Tunwort (Verb)	Seite	Namenwort (Nomen) mit Begleiter (Artikel)	Seite

Der kleine Marienkäfer Max (1)

Es ist Frühling im <u>Land</u>. Der kleine Marienkäfer Max
fliegt hinaus auf die <u>Wiese</u>. Er fliegt lustig von <u>Blume</u>
zu Blume. Dabei freut er sich über die warmen Sonnenstrahlen. Da sieht er
in einer <u>Pfütze</u>, dass er nur vier <u>Punkte</u> auf seinem <u>Rücken</u> hat. Sein <u>Freund</u>
Theo hat schon sechs. Das ist ungerecht, denkt der kleine <u>Käfer</u> und setzt
sich schnell in die <u>Sonne</u>. Denn ein Menschenfreund hat ihm erzählt, dass er
braune Punkte bekommt, wenn er sich im <u>Frühling</u> in die erste Sonne setzt.

(89 Wörter)

1. Ordne die unterstrichenen Wörter nach dem ABC.

2. Schlage die Namenwörter (Nomen) im Wörterbuch nach und gib den Begleiter (Artikel) an.
   Schreibe die Mehrzahl auf.

Einzahl mit Begleiter (Artikel)	Mehrzahl mit Begleiter (Artikel)	Seite

Zusatzaufgabe

∗ Wie nennt man die Punkte, die der Menschenfreund meint?

Tania von Minding: Alternative Diktatformen
© Persen Verlag

Der kleine Marienkäfer Max (2)

Es ist Frühling, und die Sonne scheint. Der kleine
Marienkäfer Max fliegt hinaus auf die Wiese. Er flattert
lustig von Blume zu Blume. Dabei freut er sich über die warmen
Sonnenstrahlen. Da sieht er in einer Wasserpfütze, dass er nur vier Punkte
auf seinem Rücken hat. Sein Freund Theo hat schon sechs. Das ist
ungerecht, denkt der kleine Käfer und setzt sich schnell in die Sonne.
Denn ein Menschenfreund hat ihm erzählt, dass er braune Punkte bekommt,
wenn er sich im Frühling in die erste Sonne setzt.

(91 Wörter)

1. Trage die unterstrichenen Tunwörter (Verben) in die Tabelle ein und schreibe die Grundform auf.

2. Kontrolliere mit dem Wörterbuch.

Tunwort (Verb)	Grundform	Seite
es ist	sein	
sie scheint		
er		

3. Schreibe 5 der Tunwörter (Verben) in der einfachen Vergangenheit auf und kontrolliere mit dem Wörterbuch.

Tunwort (Verb) in der Grundform	Einfache Vergangenheit	Seite

Zusatzaufgabe

∗ Wie nennt man die Punkte, die der Menschenfreund meint?

Der Kleine Marienkäfer Max (3)

Es ist Frühling. Der kleine Marienkäfer Max Fliegt

hinaus auf die Wiese. Er fliegt Lustig von Blume zu Blume. Dabei Freut er sich

über die warmen Sonnenstrahlen. Da sieht er in einer Wasserpfütze, dass er

nur Vier Punkte auf seinem rücken hat. Sein freund Theo hat schon sechs.

Das ist ungerecht, Denkt der kleine Käfer und setzt sich Schnell in die Sonne.

Denn ein Menschenfreund hat ihm erzählt, dass er braune Punkte bekommt,

wenn er sich im frühling in die erste Sonne setzt.

(87 Wörter)

1. Kontrolliere mit dem Wörterbuch und trage alle Wörter richtig in die Tabelle ein.
2. Streiche falsch geschriebene Wörter im Text durch und schreibe das Wort richtig darüber.

Namenwort (Nomen) mit Begleiter (Artikel)	Seite	Tunwort (Verb)	Seite	Wiewort (Adjektiv)	Seite	Restwort	Seite

Zusatzaufgaben
* Wie nennt man die Punkte, die der Menschenfreund meint?
* Informiere dich:
  Welche Bedeutung haben die Punkte beim Marienkäfer?
  Wie bekommt der Marienkäfer wirklich seine Punkte?

Tania von Minding: Alternative Diktatformen
© Persen Verlag

Die Hausaufgabenhexe (1)

Tina sitzt an ihrem <u>Tisch</u> im <u>Zimmer</u>. Sie kaut auf ihrem <u>Bleistift</u> herum und starrt an die <u>Wand</u>. Sie hat keine Lust auf die Hausaufgaben.
Da sieht sie, wie aus der Wand eine kleine Figur kommt. Es ist die kleine Hausaufgabenhexe. Rasch löst sie Tinas <u>Aufgabe</u> und verschwindet wieder.
Das <u>Mädchen</u> wundert sich, dass ihr die Aufgaben plötzlich so leicht fallen.
Am nächsten <u>Tag</u> packt sie ihr <u>Heft</u> aus und liest die <u>Geschichte</u> von der Hausaufgabenhexe in der <u>Klasse</u> vor.

(82 Wörter)

1. Ordne die unterstrichenen Wörter nach dem ABC.

2. Schlage die Wörter im Wörterbuch nach und gib den Begleiter (Artikel) an.

Namenwort (Nomen) mit Begleiter (Artikel)	Seite

Die Hausaufgabenhexe (2)

Tina <u>sitzt</u> an ihrem Tisch im Zimmer. Sie <u>kaut</u> auf ihrem Bleistift herum und <u>starrt</u> an die Wand. Sie <u>hat</u> keine Lust auf die Hausaufgaben. Da <u>sieht</u> sie, wie aus der Wand eine kleine Figur <u>kommt</u>. Es ist die kleine Hausaufgabenhexe. Rasch <u>löst</u> sie Tinas Aufgabe und verschwindet wieder. Das Mädchen <u>wundert</u> sich, dass ihr die Aufgaben plötzlich so leicht fallen. Am nächsten Tag <u>packt</u> sie ihr Heft aus und <u>liest</u> die Geschichte von der Hausaufgabenhexe in der Klasse vor.

(82 Wörter)

1. Trage die unterstrichenen Tunwörter (Verben) in die Tabelle ein und schreibe die Grundform auf.

2. Kontrolliere mit dem Wörterbuch.

Tunwort (Verb)	Grundform	Seite
sie sitzt	sitzen	
sie		

Zusatzaufgabe

* Ordne die Tunwörter (Verben) nach dem ABC.

Tania von Minding: Alternative Diktatformen
© Persen Verlag

Die Hausaufgabenhexe (3)

Tina sitzt an ihrem <u>tisch</u> im <u>Zimer</u>. Sie kaut auf ihrem <u>Bleistieft</u> herum und starrt an die <u>Want</u>. Sie hat keine Lust auf die Hausaufgaben. Da sieht sie, wie aus der Wand eine kleine Figur kommt. Es ist die kleine Hausaufgabenhexe. Rasch löst sie Tinas <u>aufgabe</u> und verschwindet wieder. Das <u>Mädschen</u> wundert sich, dass ihr die Aufgaben plötzlich so leicht fallen. Am nächsten <u>tag</u> packt sie ihr <u>Hefft</u> aus und liest die <u>Gechischte</u> von der Hausaufgabenhexe in der <u>Klase</u> vor.

(82 Wörter)

1. **Kontrolliere mit dem Wörterbuch und trage die Wörter richtig in die Tabelle ein.**

Namenwörter (Nomen) mit Begleiter (Artikel)	Seite

2. **Ordne die Namenwörter (Nomen) nach dem ABC.**

Beobachtungsbogen zur Bewertung der Wörterbucharbeit (Stufe 1/2)

Übersicht über mögliche Kompetenzen

Name: _____

Erworbene Kompetenzen	🙂	😐	🙁
… kann vorgegebene Wörter im Wörterbuch nachschlagen			
… kann Wörter unter Vorgabe des Anfangslautes im Wörterbuch finden			
… analysiert den Anfangslaut von Wörtern und kann sie im Wörterbuch finden			
… kann einfache Wörter im Wörterbuch gezielt und zügig nachschlagen			
… kann Wörter im Wörterbuch finden und sie richtig abschreiben			
… kann Wörter mit Hilfe des Wörterbuches auf Richtigkeit überprüfen und korrigieren			
… kann Nomen mit Hilfe des Wörterbuches in der Einzahl und Mehrzahl bilden			
… kann die Grundform von Verben bilden und sie im Wörterbuch nachschlagen			
… kann die Grundform von Adjektiven bilden und sie im Wörterbuch nachschlagen			
… kann Wortarten mit Hilfe des Wörterbuches erkennen und unterscheiden			

Weitere Anmerkungen

Tania von Minding: Alternative Diktatformen
© Persen Verlag

Bewertung der Leistungskontrolle

Richtig Schreiben	Arbeitstechnik: Wörterbuch	Sprache untersuchen
Du kannst Wörter richtig aus dem Wörterbuch abschreiben. * Du hast beim Aufschreiben der Wörter _____ Fehler gemacht.	Du kannst die Wörter gezielt und sicher im Wörterbuch nachschlagen.	Du erkennst Wortarten, kannst die Grundform und die Einzahl bilden und Wörter richtig ableiten.
Punkte: /	Punkte: /	Punkte: /
Du hast ___ Punkte von ___ Punkten erreicht. Note:		

Dieses Bewertungsschema kann unter die Leistungskontrolle geklebt werden.

Alternatives Bewertungsschema zur Wörterbucharbeit

Rückmeldung an Schüler/in durch Lehrer/in (Stufe 1)

Das kannst du	☺	😐	☹
Punkte	**3**	**2**	**1**
Du kannst vorgegebene Wörter im Wörterbuch nachschlagen.			
Du kannst selbstständig Wörter im Wörterbuch finden.			
Du schreibst Wörter richtig aus dem Wörterbuch ab.			
Du kannst einfache Wörter im Wörterbuch gezielt und zügig nachschlagen.			
Du findest mit Hilfe des Wörterbuches den richtigen Begleiter zu den Namenwörtern.			
Du kannst Namenwörter mit Hilfe des Wörterbuches in der Einzahl und Mehrzahl bilden.			
Du erkennst Wortarten mit Hilfe des Wörterbuches .			

Tipps zum Üben:

Alternatives Bewertungsschema zur Wörterbucharbeit

Rückmeldung an Schüler/in durch Lehrer/in (Stufe 2)

Das kannst du	☺	😐	☹
Punkte	**3**	**2**	**1**
Du kannst vorgegebene Wörter im Wörterbuch gezielt und zügig nachschlagen.			
Du kannst Wörter unter Vorgabe des Anfangsbuchstabens im Wörterbuch finden.			
Du kannst selbstständig Wörter im Wörterbuch finden.			
Du schreibst Wörter richtig aus dem Wörterbuch ab.			
Du kannst Wörter nach dem ABC ordnen.			
Du kannst Namenwörter (Nomen) mit Hilfe des Wörterbuches in der Einzahl und Mehrzahl bilden.			
Du kannst die Grundform von Tunwörtern (Verben) bilden und sie im Wörterbuch nachschlagen.			
Du kannst die Grundform von Wiewörtern (Adjektiven) bilden und sie im Wörterbuch nachschlagen.			
Du kannst Wortarten mit Hilfe des Wörterbuches erkennen und unterscheiden.			
Du kannst Wörter mit Hilfe des Wörterbuches auf Richtigkeit überprüfen und korrigieren.			

Tipps zum Üben:

Nicht zu viele Kompetenzen aufnehmen, sondern Auswahl auf 5–6 beschränken.

Name:	Klasse:	Datum:

Richtig schreiben mit dem Wörterbuch
Stufe 1

Das kann ich	☺	😐	☹
Ich kann Wörter im Wörterbuch nachschlagen.			
Ich schreibe Wörter richtig aus dem Wörterbuch ab.			
Ich finde den richtigen Begleiter zu den Namenwörtern.			
Ich kann Namenwörter in der Einzahl und Mehrzahl bilden.			

Das nehme ich mir vor:

1. Ziel

2. Ziel

Unterschrift Schüler/in: _____   Unterschrift Lehrer/in: _____

Tania von Minding: Alternative Diktatformen
© Persen Verlag

Name:	Klasse:	Datum:

Richtig schreiben mit dem Wörterbuch
Stufe 2

Das kann ich	☺	😐	☹
Ich kann Wörter im Wörterbuch gezielt und zügig nachschlagen.			
Ich schreibe Wörter richtig aus dem Wörterbuch ab.			
Ich kann Wörter nach dem ABC ordnen.			
Ich kann Namenwörter (Nomen) in der Einzahl und Mehrzahl bilden.			
Ich kann die Grundform von Tunwörtern (Verben) bilden und sie im Wörterbuch nachschlagen.			
Ich kann die Grundform von Wiewörtern (Adjektiven) bilden und sie im Wörterbuch nachschlagen.			
Ich kann Wortarten mit Hilfe des Wörterbuches erkennen und unterscheiden.			
Ich kann Wörter mit Hilfe des Wörterbuches auf Richtigkeit überprüfen und korrigieren.			

Das nehme ich mir vor:

1. Ziel

2. Ziel

Unterschrift Schüler/in: _____   Unterschrift Lehrer/in: _____

Das Rechtschreibhaus

Das Rechtschreibhaus dient dazu, Schülerinnen und Schülern die Rechtschreibstrukturen bildhaft zu verdeutlichen.

Sie können daran mit den Kindern nach und nach erarbeiten, welche Kenntnisse und Fähigkeiten sie auf dem Weg zum richtigen Schreiben erlernen müssen.

Der Lese- und Schreiblehrgang sieht vor, die Kinder zunächst lautgetreu schreiben zu lassen und anfangs großzügig über die richtige Schreibweise der Wörter hinwegzusehen, um die Kinder in ihrer Schreibmotivation und ihrem Mitteilungsdrang nicht zu entmutigen. Den Kindern selbst ist es dabei jedoch häufig schon frühzeitig sehr wichtig, dass sie alles richtig geschrieben haben, und sie beginnen nachzufragen.

Damit wäre ein erster Zeitpunkt erreicht, um ihnen Anleitungen zum richtigen Schreiben zu geben und sie allmählich in den Aufbau des Rechtschreibhauses für die Stufe 1 einzuführen.

Im Erdgeschoss des Hauses sind die wesentlichen Grundvoraussetzungen dargestellt, die jedes Kind benötigt, um richtig schreiben zu erlernen: Es muss richtig sprechen, genau hören und richtig sehen können, um Buchstaben zu erkennen und Buchstabenverbindungen richtig lesen zu können.

Ist dieser Grundstein gelegt, geht es zunächst um das richtige Schreiben von Buchstaben und schließlich um das richtige Abschreiben von Buchstabenverbindungen, also von einzelnen Wörtern.

Eine erste Strategie zum richtigen Lesen und Schreiben ist das Erkennen von Silben. Ein Wort wird klatschend in Silben zerlegt und geschwungen, um es anschließend Silbe für Silbe leise mitsprechend aufzuschreiben.

Im nächsten Stockwerk des Rechtschreibhauses geht es um das Erkennen und Unterscheiden der Groß- und Kleinschreibung einzelner Wörter. Den Kindern wird vermittelt, dass zunächst alle Namen großgeschrieben werden. Unterstützend wird der Begriff „Namenwörter" eingeführt.

Ein weiteres Ziel besteht nun darin, Wortgrenzen einzuhalten und Wörter mit genügend Abstand (Radiergummimaß) auseinander zu schreiben.

Satzanfänge zu erkennen und das Wort am Satzanfang groß zu schreiben sowie Punkte am Ende eines Satzes zu setzen, stellt das nächste Fenster im Rechtschreibhaus dar und sollte möglichst Ziel des 1. Schuljahres sein.

Sind diese wesentlichen Grundsteine am Ende des 1. Schuljahres gelegt, kann darauf aufbauend das Rechtschreibhaus für das 2. Schuljahr betrachtet und eingeführt werden.

Wesentlich ist, dass der Aufbau gegenüber dem 1. Haus gleich geblieben ist und nur durch zwei weitere Stockwerke (wir steigen auf) ergänzt ist.

Den Kindern sollte an dieser Stelle auch ganz bewusst verdeutlicht werden, was sie bereits alles erlernt haben innerhalb des 1. Schuljahres.

Sollte der Verbenbaum (s. S. 101) bereits eingeführt sein, so werden die Kinder das Symbol sicherlich schnell im 3. Stockwerk des Rechtschreibhauses erkennen und zuordnen können.

Das Fenster für Merk- und Miniwörter steht für alle Wörter, die sich keiner der drei Wortarten zuordnen lassen und die ohne große Rechtschreibstrategien vom Wortbild her erlernt werden müssen wie z. B. und, mit, da.

Der Umgang mit dem Wörterbuch und das Erkennen und Unterscheiden von Wiewörtern vervollständigen das Rechtschreibhaus für die Klassenstufe 2. Die drei Stufen verdeutlichen die Steigerungsformen von Adjektiven.

In den zwei dargestellten alternativen Diktatformen sind alle Bausteine bzw. Fenster des Rechtschreibhauses berücksichtigt.

Es ist sinnvoll, die einzelnen Stockwerke des Rechtschreibhauses mit den Kindern nach und nach zu erarbeiten und das Rechtschreibhaus allmählich in der Klasse aufzubauen.

Auch sollte jedes Kind ein Rechtschreibhaus als Kopie erhalten. Zur Eigenreflexion können die Schülerinnen und Schüler die einzelnen Fenster in den Ampelfarben (grün = darin bin ich sicher/das kann ich sicher, gelb = das kann ich, rot = das muss ich noch üben) ausmalen.

Tania von Minding: Alternative Diktatformen
© Persen Verlag

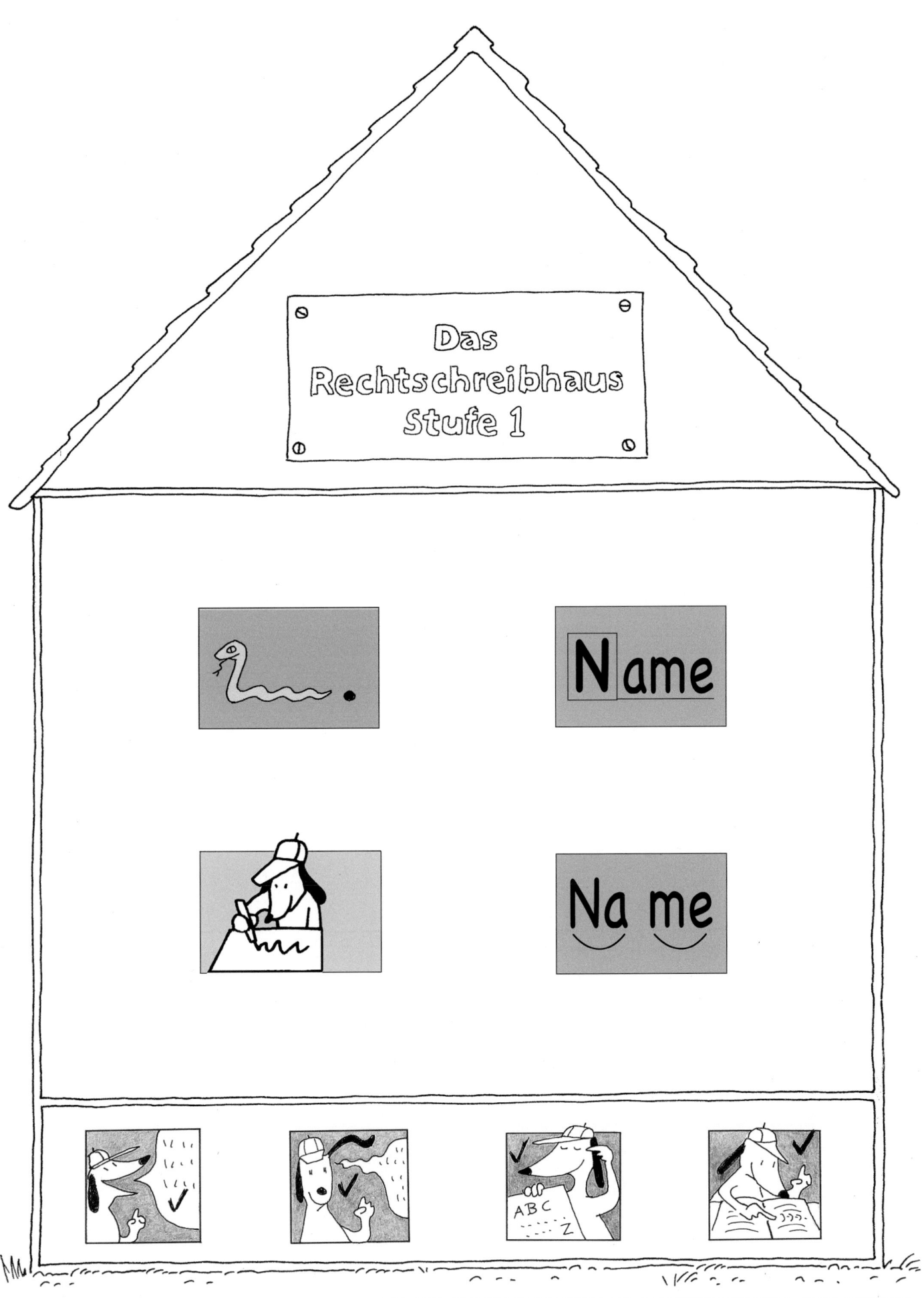

Der Verbenbaum

Der Verbenbaum dient den Kindern zum Erkennen des Wortstamms.
Im Wurzelwerk soll jeweils die Grundform des Verbs stehen.
Bei der Arbeit mit dem Verbenbaum ist es wichtig, dass die Lehrkraft
auch auf die Ausnahmen hinweist.

Anhand des Baums lässt sich außerdem sehr anschaulich das Grundschema des Konjugierens erklären.
Gerade für Kinder, die Deutsch als Fremd- bzw. Zweitsprache erlernen, ist der Baum mit den Endungen
eine wertvolle Hilfe beim Bilden der Personalformen der Verben. Er sollte deshalb immer wieder zum
Üben herangezogen werden.

Denkbar ist es, mit den Kindern eine Sammlung von Verbenbäumen mit unterschiedlichen Verben zu
gestalten und diese eventuell auch in der Klasse auszuhängen. Jedes Kind sollte jedoch auch seinen
eigenen Verbenbaum vorliegen haben, den es bei Bedarf immer wieder hervorholen kann. Die Bäume
können auch auf stabile Pappe geklebt und bunt ausgestaltet werden.

Im Rechtschreibhaus taucht das Symbol des Baums als Erinnerung an die mögliche Veränderung der
Verben auf.

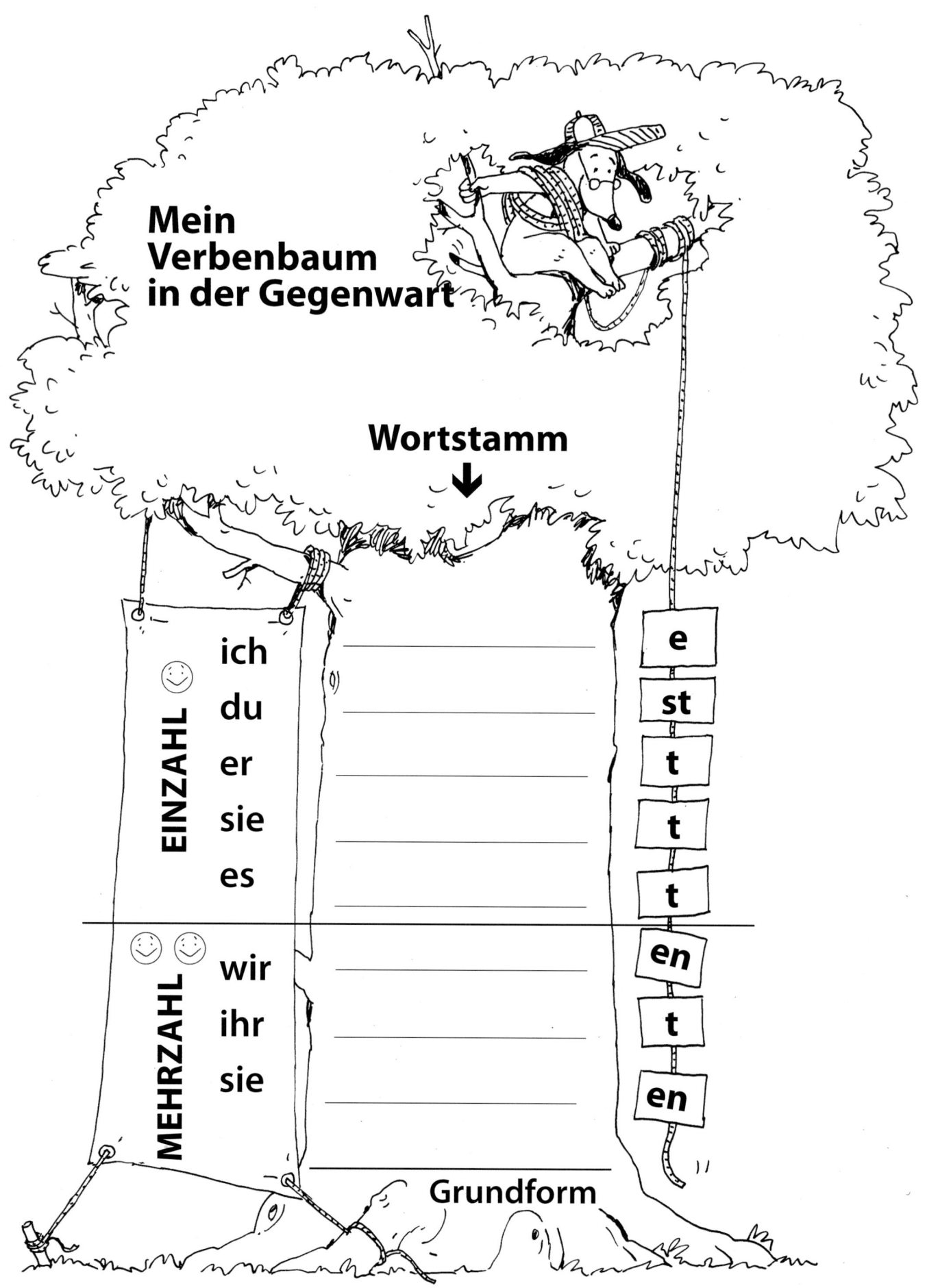

**Mein
Verbenbaum
in der Gegenwart**

Wortstamm

EINZAHL ich du er sie es

MEHRZAHL wir ihr sie

e
st
t
t
t
en
t
en

Grundform

Tania von Minding: Alternative Diktatformen
© Persen Verlag

Lösungen

Personen (3)

Papa|Oma|Opa|Polizei|Tante|Doktor

Pirat|Nikolaus|Matrose|Mama|Eskimo

1. Lesen
2. Trennen
3. Silben
4. Schreiben
5. Kontrollieren

Zusatzaufgabe
* Schreibe so: Papa mit Mama

Gegenstände (1)

Sofa, **Lam**pe
Ufo, **Rak**ete
Telefon, **Ra**dio

Pinsel, **Ta**fel, **Schu**le, **Tin**te
Insel, **Pal**me

Lupe, **Schau**fel, **Ei**mer
Nase, **Blume**, **Ro**se
Kalender, **Fens**ter, **Fe**der

1. Lesen
2. Silben
3. Schreiben
4. Kontrollieren

Gegenstände (2)

Sofa, Lampe
Ufo, Rakete

Telefon, Radio
Pinsel, Tafel, Schule, Tinte
Insel, Palme

Lupe, Schaufel, Eimer
Nase, Blume, Rose
Kalender, Fenster, Feder

1. Lesen
2. Silben verbinden
3. Schreiben
4. Kontrollieren

Gegenstände (3)

Insel|Palme
Ufo|Rakete
Sofa|Lampe

Nase|Blume|Rose
Telefon|Radio

Pinsel|Tafel|Schule|Tinte
Lupe|Schaufel|Eimer
Kalender|Fenster|Feder

1. Lesen
2. Trennen
3. Silben
4. Schreiben
5. Kontrollieren

Es ist Herbst (1)

Es ist / Herbst.
Die **Kin**der / **las**sen / **Dra**chen **stei**gen.
Am **Him**mel / **flie**gen / **bun**te **Dra**chen.
(16 Wörter)

1. Lesen
2. Schwingen
3. Merken
4. Schreiben
5. Kontrollieren

Es ist Herbst (2)

es ist Herbst.
die Kinder / lassen / Drachen steigen.
am Himmel / fliegen / bunte Drachen.
(16 Wörter)

1. Lesen
2. Satzanfänge (3) rot markieren
3. Abschreiben
4. Kontrollieren

Es ist Herbst (3)

Es|ist|Herbst.
Die|Kinder|lassen|Drachen|steigen.
Am|Himmel|fliegen|bunte|Drachen.
(16 Wörter)

1. Lesen
2. Wörter trennen
3. Abschreiben
4. Kontrollieren

Es ist <u>Herbst</u> (*)

es ist <u>herbst</u>.
die <u>kinder</u> / lassen / <u>drachen</u> steigen.
am <u>himmel</u> / fliegen / bunte <u>drachen</u>.
ob einer / bis zu den <u>wolken</u> / fliegt?
(23 Wörter)

1. Lesen
2. Satzanfänge (4) rot markieren
3. Namenwörter (Nomen) blau unterstreichen (7)
4. Abschreiben
5. Kontrollieren

Es ist Advent (1)

Es ist / **Ad**vent.
Wir **ba**cken.
Ein **gu**ter Duft / liegt / in der Luft.
In der **Schu**le / riecht es / nach **Plätz**chen.
Sie **schme**cken / **le**cker.
(25 Wörter)

1. Lesen
2. Schwingen
3. Merken
4. Schreiben
5. Kontrollieren

Es ist Advent (2)

Es ist / **Ad**vent.
Wir **ba**cken.
Ein **gu**ter Duft / liegt / in der Luft.
In der **Schu**le / riecht es / nach **Plätz**chen.
Sie **schme**cken / **le**cker.
(25 Wörter)

1. Lesen
2. Satzanfänge (5) rot markieren
3. Abschreiben
4. Kontrollieren

Es ist Advent (3)

Es ist Advent.
Wir backen.
Ein guter Duft liegt in der Luft.
In der Schule riecht es nach Plätzchen.
Sie schmecken lecker.
(25 Wörter)

1. Lesen
2. Wörter trennen
3. Abschreiben
4. Kontrollieren

Es ist **Advent** (*)

es ist advent.
wir backen.
ein guter **duft** liegt in der **luft**.
in der **schule** riecht es nach
plätzchen.
sie schmecken lecker.
(25 Wörter)

1. Lesen
2. Satzanfänge (5) rot markieren
3. Namenwörter (Nomen) blau
   unterstreichen (6)
4. Abschreiben
5. Kontrollieren

Tiere im Winter (1)

Es ist kalt.

Die **Am**sel
ist auf
einem Ast.

Der **Ha**se
ist
im Gras.

Der **I**gel
ist
im Laub.
(22 Wörter)

1. Lesen
2. Schwingen
3. Merken
4. Schreiben
5. Kontrollieren

Tiere im Winter (2)

Es ist kalt.
Wo ist die **Am**sel?
Die Amsel ist auf einem Ast.

Wo ist der **Ha**se?
Der Hase ist im Gras.

Wo ist der **I**gel?
Der Igel ist im Laub.

1. Lesen
2. Ordne zu
3. Schreiben
4. Kontrollieren

> Der **Ha**se / ist / im Gras.
> Der **I**gel / ist / im Laub.
> Die **Am**sel / ist / auf **ei**nem Ast.
> *(16 Wörter)*

Satzgeschichte Herbst (3)

Es ist Herbst | und sehr windig.
Zwei Kinder | lassen | einen Drachen | fliegen.
Da kommt | ein heftiger | Windstoß auf.
Der kleine Junge | kann die Schnur | nicht mehr halten.
Der Drachen | fliegt hinaus | in die Welt.
(36 Wörter)

1. Lies genau.
2. Trenne die Sätze durch Striche in Merkhäppchen.
3. Merke dir die Wörter bis zum Strich.
4. Schreibe die Wörter auf.
5. Kontrolliere Silbe für Silbe.
6. Arbeite weiter.

Zusatzaufgabe
* Schreibe weiter.

Anmerkung:
Die vorgegebene Gliederung in Merkhäppchen ist eine
Möglichkeit, sollte aber nicht als die einzig richtige Glie-
derung vorausgesetzt werden.

Satzgeschichte Herbst (*) und
Weiterarbeit für Rechtschreibdetektive

Es ist Herbst und sehr **windig**.
Zwei Kinder lassen einen **Drachen** fliegen.
Da **kommt** ein heftiger Windstoß auf.
Der kleine **Junge** kann die Schnur nicht mehr halten.
Der Drachen **fliegt** hinaus in die Welt.
(36 Wörter)

1. Schreibe richtig ab.
2. Arbeite mit den unterstrichenen Wörtern weiter:
   Suche Reimwörter: Drachen, fliegt, Junge
   Schreibe in allen Personalformen auf: kommen
   Steigere: windig

Zusatzaufgabe
* Schreibe weiter.

Lösungen

Satzgeschichte Winter (1)
Satzstreifen als Dosendiktat und zum Umknicken
nach Merkhäppchen

> Es ist **Win**ter / und sehr kalt.
>
> Zwei **Kin**der / **bau**en **ein**en / **gro**ßen / **Schnee**mann.
>
> Da saust / ein **klei**ner **Jun**ge / mit **sei**nem **Schlit**ten / **her**an.
>
> Er kann / nicht **brem**sen / und fährt / **ge**gen den / **wei**ßen Mann.
>
> Der **Schnee**mann / **wa**ckelt, / und dann / fällt ihm / der Hut / vom Kopf /
>
> und **lan**det / auf dem **Jun**gen.

(47 Wörter)

1. Lies genau.
2. Merke dir die Wörter bis zum Strich.
3. Schreibe die Wörter auf.
4. Kontrolliere Silbe für Silbe.
5. Arbeite weiter.

Satzgeschichte Winter (2)

Es ist Winter / und sehr kalt.
Zwei Kinder / bauen einen / großen Schneemann.
Da saust / ein kleiner Junge / mit seinem Schlitten heran.
Er kann / nicht mehr bremsen / und fährt / gegen den / weißen Mann.
Der Schneemann wackelt, / und dann fällt ihm / der Hut vom Kopf /
und landet auf dem Jungen.

(50 Wörter)

1. Lies genau.
2. Verbinde die Silben zu Wörtern.
3. Merke dir die Wörter bis zum Strich.
4. Schreibe die Wörter auf.
5. Kontrolliere Silbe für Silbe.
6. Arbeite weiter.

Tania von Minding: Alternative Diktatformen
© Persen Verlag

Satzgeschichte Winter (3)

Es ist Winter | und sehr kalt.
Zwei Kinder | bauen einen | großen Schneemann.
Da saust | ein kleiner Junge | mit seinem Schlitten heran.
Er kann | nicht mehr bremsen | und fährt | gegen den weißen Mann.
Der Schneemann wackelt, | und dann fällt ihm | der Hut vom Kopf |
und landet auf dem Jungen.

(50 Wörter)

1. Lies genau.
2. Trenne die Sätze durch Striche in Merkhäppchen.
3. Merke dir die Wörter bis zum Strich.
4. Schreibe die Wörter auf.
5. Kontrolliere Silbe für Silbe.
6. Arbeite weiter.

Satzgeschichte Winter (*) und Weiterarbeit
für Rechtschreibdetektive

Es ist Winter und sehr **kalt**.
Zwei Kinder bauen einen **gro**ßen Schneemann.
Da saust ein kleiner Junge mit seinem **Schlit**ten heran.
Er kann nicht mehr bremsen und **fährt** gegen den weißen Mann.
Der Schneemann **wa**ckelt, und dann fällt ihm der Hut vom Kopf
und landet auf dem Jungen.

(50 Wörter)

1. Schreibe richtig ab.
2. Arbeite mit den unterstrichenen Wörtern weiter:
   Suche Reimwörter: <u>Schlitten</u>
   Schreibe in allen Personalformen auf: <u>fahren, wackeln</u>
   Steigere: <u>kalt, groß</u>

Tania von Minding: Alternative Diktatformen
© Persen Verlag

Schneeflocken (1)

Schneeflocken / **bil**den sich / in **ei**ner **Wol**ke.
Dafür muss / die **Tem**pera**tur** / in der **Wol**ke / **un**ter null Grad sein.
Nur dann / **ent**ste**hen** / aus den **Re**gen**trop**fen / **klei**ne **Schnee**flocken.
Es sind / **win**zi**ge** / **Eis**kristalle.
Sie ver**kle**ben / **mit**ein**an**der / und **fal**len dann / als **Schnee**flocke / zur **Er**de.

(40 Wörter)

1. Lies genau.
2. Merke dir die Wörter bis zum Strich.
3. Schreibe die Wörter auf.
4. Kontrolliere Silbe für Silbe.
5. Arbeite weiter.

schneeflocken (2)

schneeflocken / bilden sich / in einer Wolke. / dafür muss /
die Temperatur / in der Wolke / unter null Grad sein. / nur dann entstehen /
aus den Regentropfen / kleine Schneeflocken.
es sind / winzige Eiskristalle. / sie verkleben / miteinander / und fallen dann /
als Schneeflocke / zur Erde.

(40 Wörter)

1. Lies genau
2. Markiere die Satzanfänge und die Überschrift rot (6).
3. Merke dir die Wörter bis zum Strich.
4. Schreibe die Wörter auf.
5. Kontrolliere Silbe für Silbe.
6. Arbeite weiter.

Tania von Minding: Alternative Diktatformen
© Persen Verlag

Schneeflocken (3)

Schneeflocken|bilden|sich|in|einer|Wolke.
Dafür|muss|die|Temperatur|in|der|Wolke|unter|null|Grad|sein.
Nur|dann|entstehen|aus|den|Regentropfen|kleine|Schneeflocken.
Es|sind|winzige|Eiskristalle.
Sie|verkleben|miteinander|und|fallen|dann|als|Schneeflocke|zur|Erde.

(40 Wörter)

1. Lies genau
2. Trenne die Wörter (39).
3. Schreibe die Sätze ab.
4. Kontrolliere genau.

schneeflocken (*)

<u>schneeflocken</u> bilden sich in einer <u>wolke</u>. dafür muss die <u>temperatur</u>
in der <u>wolke</u> unter null <u>grad</u> sein. nur dann entstehen aus den <u>regentropfen</u>
kleine <u>schneeflocken</u>.
es sind winzige <u>eiskristalle</u>. sie verkleben miteinander und fallen dann als
<u>schneeflocke</u> zur <u>erde</u>.

(40 Wörter)

1. Lies genau.
2. Markiere die Satzanfänge und die Überschrift (6) rot.
3. Unterstreiche die Namenwörter (Nomen) blau (11).
4. Schreibe die Sätze ab.
5. Kontrolliere genau.

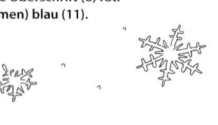 

Tania von Minding: Alternative Diktatformen
© Persen Verlag

Satzgeschichte Frühling (3)

Es ist Frühling, / und die Sonne / scheint.
Vor dem Haus / spielen / zwei Kinder.
Da hören sie / etwas aufgeregt / zwitschern.
Im Zeitungskasten / entdecken sie / ein Vogelnest.
Drei kleine Jungvögel / warten darin / hungrig auf / ihre Mutter.

(36 Wörter)

1. Lies genau.
2. Verbinde die Silben zu Wörtern.
3. Merke dir die Wörter bis zum Strich.
4. Schreibe die Wörter auf.
5. Kontrolliere Silbe für Silbe.
6. Arbeite weiter.

Satzgeschichte Frühling (*) und Weiterarbeit für Rechtschreibdetektive

Es ist Frühling, und die **Sonne** scheint.
Vor dem **Haus** spielen zwei Kinder.
Da hören sie etwas aufgeregt **zwitschern**.
Im Zeitungskasten **entdecken** sie ein Vogelnest.
Drei kleine Jungvögel warten darin **hungrig** auf ihre Mutter.

(36 Wörter)

1. Schreibe richtig ab.
2. Arbeite mit den unterstrichenen Wörtern weiter:
   Suche Reimwörter: <u>Sonne, Haus</u>
   Schreibe in allen Personalformen auf: <u>zwitschern, entdecken</u>
   Steigere: <u>hungrig</u>

Satzgeschichte Sommer (1)
Satzstreifen als Dosendiktat und zum Umknicken
nach Merkhäppchen

Es ist **Som**mer / und sehr heiß.
Die **Kin**der / **kau**fen sich / ein Eis / und **lau**fen / zum **Spiel**platz.
Da **stol**pert Jan / über **sei**ne Füße.
Er fällt hin / und **lan**det / mit **sei**ner **Na**se / im Eis.
Lecker, / nun hat er / **ei**ne **trop**fende / **Scho**ko**la**den**na**se.

(41 Wörter)

1. Lies genau.
2. Merke dir die Wörter bis zum Strich.
3. Schreibe die Wörter auf.
4. Kontrolliere Silbe für Silbe.
5. Arbeite weiter.

Satzgeschichte Sommer (2)

Es ist Sommer / und sehr heiß.
Die Kinder / kaufen sich / ein Eis / und laufen zum / Spielplatz.
Da stolpert Jan / über seine Füße.
Er fällt hin / und landet / mit seiner Nase / im Eis.
Lecker, / nun hat er / eine tropfende / Schokoladen nase.

(41 Wörter)

1. Lies genau.
2. Verbinde die Silben zu Wörtern.
3. Merke dir die Wörter bis zum Strich.
4. Schreibe die Wörter auf.
5. Kontrolliere Silbe für Silbe.
6. Arbeite weiter.

Mischgeschichte Tag und Nacht (1)

<u>Es ist mitten in der **Nacht**.</u>
Draußen spielen die Kinder am Bach.
<u>Jörg liegt im Bett und schläft unruhig.</u>
Es ist ein sonniger **Tag**.
Auf einmal rutscht Jörg aus und fällt mitten in das Wasser.
<u>Auf einmal kratzt etwas am dunklen Fenster.</u>
Schnell hält ihm ein Freund einen Stock hin.
<u>Mutig steht Jörg auf und tastet sich durchs Zimmer.</u>
Zum Glück kann er sich daran festhalten und sich ans trockene Ufer ziehen.
<u>Im Mondlicht sieht er, dass es nur die Zweige sind, die der Wind an die Fensterscheibe reibt.</u>

1. Hier sind zwei Geschichten vermischt.
   Welche 5 Sätze gehören zur Nachtgeschichte? Unterstreiche sie blau.
2. Wähle eine Geschichte aus und schreibe sie ab.

Zusatzaufgabe
* Unterstreiche die Wörter, die dir den Hinweis zur Nachtgeschichte gegeben haben.

Mischgeschichte Tag und Nacht (2)

<u>Es ist mitten in der Nacht.</u> Draußen spielen die Kinder am Bach. <u>Jörg liegt im Bett und schläft unruhig.</u> Es ist ein sonniger Tag. Auf einmal rutscht Jörg aus und fällt mitten in das Wasser. <u>Auf einmal kratzt etwas am dunklen Fenster.</u> Schnell hält ihm ein Freund einen Stock hin. <u>Mutig steht Jörg auf und tastet sich durchs Zimmer.</u> Zum Glück kann er sich daran festhalten und sich ans trockene Ufer ziehen. <u>Im Mondlicht sieht er, dass es nur die Zweige sind, die der Wind an die Fensterscheibe reibt.</u>

1. Hier sind zwei Geschichten vermischt.
   Welche 5 Sätze gehören zur Nachtgeschichte? Unterstreiche sie blau.
2. Wähle eine Geschichte aus und schreibe sie ab.

Zusatzaufgabe
* Unterstreiche die Wörter, die dir den Hinweis zur Nachtgeschichte gegeben haben.

Mischgeschichte Tag und Nacht (3)

Es ist mitten in der Nacht. draußen spielen die Kinder am Bach. <u>Jörg liegt im Bett und schläft unruhig.</u> es ist ein sonniger Tag. auf einmal rutscht Jörg aus und fällt mitten in das Wasser. <u>auf einmal kratzt etwas am dunklen Fenster.</u> schnell hält ihm ein Freund einen Stock hin. <u>mutig steht Jörg auf und tastet sich durchs Zimmer.</u> zum Glück kann er sich daran festhalten und sich ans trockene Ufer ziehen. <u>im Mondlicht sieht er, dass es nur die Zweige sind, die der Wind an die Fensterscheibe reibt.</u>

1. Hier sind zwei Geschichten vermischt.
   Lies genau und setze die 10 Punkte.
2. Welche 5 Sätze gehören zur Nachtgeschichte? Unterstreiche sie blau.
3. Wähle eine Geschichte aus und schreibe sie ab.

Zusatzaufgabe
* Unterstreiche die Wörter, die dir den Hinweis zur Nachtgeschichte gegeben haben.

Tania von Minding: Alternative Diktatformen
© Persen Verlag

Mischgeschichte Frühling und Winter (1)

Es ist Frühling und die Sonne scheint.
<u>Zwei Kinder bauen einen großen Schneemann.</u>
<u>Es ist Winter und sehr kalt.</u>
Vor dem Haus spielen zwei Kinder auf der Wiese.
<u>Da saust ein kleiner Junge mit seinem Schlitten heran.</u>
Da hören sie etwas aufgeregt zwitschern.
<u>Er kann nicht mehr bremsen und fährt gegen den weißen Mann.</u>
Im Zeitungskasten entdecken sie ein Vogelnest.
<u>Der Schneemann wackelt, und dann fällt ihm der Hut vom Kopf und landet auf dem Jungen.</u>
Drei kleine Jungvögel warten darin hungrig auf ihre Mutter.

1. Hier sind zwei Geschichten vermischt.
   Welche 5 Sätze gehören zur Wintergeschichte? Unterstreiche sie blau.
2. Wähle eine Geschichte aus und schreibe sie ab.

Tania von Minding: Alternative Diktatformen
© Persen Verlag

Mischgeschichte Frühling und Winter (2)

Es ist Frühling und die Sonne scheint. <u>Zwei Kinder bauen einen großen Schneemann. Es ist Winter und sehr kalt.</u> Vor dem Haus spielen zwei Kinder auf der Wiese. <u>Da saust ein kleiner Junge mit seinem Schlitten heran.</u> Da hören sie etwas aufgeregt zwitschern. <u>Er kann nicht mehr bremsen und fährt gegen den weißen Mann.</u> Im Zeitungskasten entdecken sie ein Vogelnest. <u>Der Schneemann wackelt, und dann fällt ihm der Hut vom Kopf und landet auf dem Jungen.</u> Drei kleine Jungvögel warten darin hungrig auf ihre Mutter.

1. Hier sind zwei Geschichten vermischt.
   Welche 5 Sätze gehören zur Wintergeschichte? Unterstreiche sie blau.
2. Wähle eine Geschichte aus und schreibe sie ab.

Tania von Minding: Alternative Diktatformen
© Persen Verlag

Mischgeschichte Frühling und Winter (3)

Es ist Frühling und die Sonne scheint. <u>zwei Kinder bauen einen großen Schneemann.</u> es ist Winter und sehr kalt. vor dem Haus spielen zwei Kinder auf der Wiese. <u>da saust ein kleiner Junge mit seinem Schlitten heran.</u> da hören sie etwas aufgeregt zwitschern. <u>er kann nicht mehr bremsen und fährt gegen den weißen Mann.</u> im Zeitungskasten entdecken sie ein Vogelnest. <u>der Schneemann wackelt, und dann fällt ihm der Hut vom Kopf und landet auf dem Jungen.</u> drei kleine Jungvögel warten darin hungrig auf ihre Mutter.

1. Hier sind zwei Geschichten vermischt.
   Lies genau und setze die 10 Punkte.
2. Welche 5 Sätze gehören zur Wintergeschichte? Unterstreiche sie blau.
3. Wähle eine Geschichte aus und schreibe sie ab.

Zusatzaufgabe
* Unterstreiche die Wörter, die dir den Hinweis zur Wintergeschichte gegeben haben.

Tania von Minding: Alternative Diktatformen
© Persen Verlag

Tania von Minding: Alternative Diktatformen
© Persen Verlag

Mischgeschichte Sommer und Herbst (1)

<u>Es ist **Sommer** und sehr heiß.</u>
Zwei Kinder lassen einen Drachen fliegen.
Es ist **Herbst** und sehr windig.
<u>Die Kinder kaufen sich ein Eis und laufen zum Spielplatz.</u>
Da kommt ein heftiger Windstoß auf.
Der kleine Junge kann die Schnur nicht mehr halten.
<u>Da stolpert Jan mit dem Eis in der Hand über seine Füße.</u>
Der Drachen fliegt hinaus in die Welt.
<u>Er fällt hin und landet mit seiner Nase im Eis.</u>
<u>Lecker, nun hat er eine tropfende Schokoladennase.</u>

1. Hier sind zwei Geschichten vermischt.
   Welche 5 Sätze gehören zur Sommergeschichte? Unterstreiche sie rot.
2. Wähle eine Geschichte aus und schreibe sie ab.

Tania von Minding: Alternative Diktatformen
© Persen Verlag

Mischgeschichte Sommer und Herbst (2)

<u>Es ist **Sommer** und sehr heiß.</u> Zwei Kinder lassen einen Drachen fliegen.
Es ist **Herbst** und sehr windig. <u>Die Kinder kaufen sich ein Eis und laufen zum Spielplatz.</u> Da kommt ein heftiger Windstoß auf. Der kleine Junge kann die Schnur nicht mehr halten. <u>Da stolpert Jan mit dem Eis in der Hand über seine Füße.</u> Der Drachen fliegt hinaus in die Welt. <u>Er fällt hin und landet mit seiner Nase im Eis. Lecker, nun hat er eine tropfende Schokoladennase.</u>

1. Hier sind zwei Geschichten vermischt.
   Welche 5 Sätze gehören zur Sommergeschichte? Unterstreiche sie rot.
2. Wähle eine Geschichte aus und schreibe sie ab.

Tania von Minding: Alternative Diktatformen
© Persen Verlag

Mischgeschichte Sommer und Herbst (3)

<u>Es ist **Sommer** und sehr heiß.</u> zwei Kinder lassen einen Drachen fliegen. es ist **Herbst** und sehr windig. <u>die Kinder kaufen sich ein Eis und laufen zum Spielplatz.</u> da kommt ein heftiger Windstoß auf. der kleine Junge kann die Schnur nicht mehr halten. <u>da stolpert Jan mit dem Eis in der Hand über seine Füße.</u> der Drachen fliegt hinaus in die Welt. <u>er fällt hin und landet mit seiner Nase im Eis.</u> lecker, nun hat er eine tropfende <u>Schokoladennase.</u>

1. Hier sind zwei Geschichten vermischt.
   Lies genau und setze die 10 Punkte.
2. Welche 5 Sätze gehören zur Sommergeschichte? Unterstreiche sie rot.
3. Wähle eine Geschichte aus und schreibe sie ab.

Zusatzaufgabe
* Unterstreiche die Wörter, die dir den Hinweis zur Sommergeschichte gegeben haben.

Tania von Minding: Alternative Diktatformen
© Persen Verlag

Die Fliege (1)

Auf Ralf Peters Nase | sitzt eine <u>Fliege</u>.
Na warte, | wenn ich | dich <u>kriege</u>.
Mal ist sie hier, | mal ist sie <u>dort</u>.
Will ich | sie schnappen, | ist sie | schon <u>fort</u>.
Sie zieht | so ihre <u>Kreise</u>
auf ganz | besondere <u>Weise</u>.
Dann fliegt sie | in mein <u>Ohr</u>.
Und summt | mir etwas <u>vor</u>.
Wie schön | wäre es doch, | selbst zu <u>fliegen</u>.
Und nicht nur | auf dem Bett zu <u>liegen</u>.
(67 Wörter)

1. Lies genau.
2. Unterstreiche Reimpaare mit gleicher Farbe.
3. Trenne die Sätze durch Striche in Merkhäppchen.
4. Schreibe das Gedicht richtig ab.

Zusatzaufgabe
* Schreibe alle Reimpaare auf.

Tania von Minding: Alternative Diktatformen
© Persen Verlag

Die Fliege (2)

Auf Ralf Peters Nase sitzt eine _____ Fliege ____.
Na warte, wenn ich dich ____ kriege ____.
Mal ist sie hier, mal ist sie ___ dort _____.
Will ich sie schnappen, ist sie schon ___ fort ____.
Sie zieht so ihre ____ Kreise ____
auf ganz besondere ____ Weise ____.
Dann fliegt sie in mein ___ Ohr _____.
Und summt mir etwas _____ vor _____.
Wie schön wäre es doch, selbst zu ____ fliegen ___.
Und nicht nur auf dem Bett zu ____ liegen ____.

(67 Wörter)

Die Fliege hat Wörter aus dem Gedicht mitgenommen:

| Fliege | dort | kriege | fort | Weise | Ohr | fliegen | Kreise | liegen | vor |
|1|2|1|2|3|4|5|3|5|4|

1. Lies genau.
2. Unterstreiche Reimpaare mit gleicher Farbe.
3. Setze die Reimwörter passend ins Gedicht ein.
4. Schreibe das Gedicht richtig ab.

Die Fliege (3)

Auf Ralf Peters Nase sitzt eine <u>Fliege</u>. | Na warte, wenn ich dich <u>kriege</u>. |
Mal ist sie hier, mal ist sie <u>dort</u>. | Will ich sie schnappen, ist sie schon <u>fort</u>. |
Sie zieht so ihre <u>Kreise</u> | auf ganz besondere <u>Weise</u>. | Dann fliegt sie in mein <u>Ohr</u>. |
Und summt mir etwas <u>vor</u>. | Wie schön wäre es doch, selbst zu <u>fliegen</u>. | Und
nicht nur auf dem Bett zu <u>liegen</u>. |

(67 Wörter)

1. Lies die Reimgeschichte genau.
2. Unterstreiche alle Reimwörter (10) grün.
3. Trenne die Verse durch Schrägstriche ab.
4. Schreibe die Geschichte in Versform richtig ab,
   so dass daraus ein Gedicht entsteht.

Die Mondmaus (1)

Heute startet | die kleine Mondmaus | ihre <u>Reise</u>.
Hoch hinauf | will sie | auf ganz | besondere <u>Weise</u>.
Mit der Rakete | auf zum <u>Mond</u>.
Ob sich das | wohl <u>lohnt</u>?
Nun geht sie | an den <u>Start</u>,
doch, halt, | stopp, <u>wart</u>!
ruft da der <u>Mäuserich</u>.
Was willst du | dort oben | ohne <u>mich</u>?
Vergessen hast du | deine <u>Sachen</u>.
Was willst du | nur da oben <u>machen</u>?
Ohne Katzen, | die dich <u>jagen</u>.
Ohne Menschen, | die dich <u>plagen</u>.
Ohne an Käse | und Wurst | zu <u>nagen</u>.
Kannst du | es mir <u>sagen</u>?
Du wirst | doch nicht | ohne mich <u>starten</u>!
Ich will | nicht | länger <u>warten</u>.
Ich komme <u>mit</u>!
Dann sind | wir bald | zu <u>dritt</u>!

(104 Wörter)

… und so starten sie durch in ein neues Leben!

1. Lies genau.
2. Unterstreiche Reimpaare mit gleicher Farbe.
3. Trenne die Sätze durch Striche in Merkhäppchen.
4. Schreibe das Gedicht richtig ab.

Zusatzaufgabe

* Schreibe alle Reimpaare auf.

Die Mondmaus (2)

Heute startet die kleine Mondmaus ihre ____ Reise ____.
Hoch hinauf will sie auf ganz besondere Weise
Mit der Rakete auf zum ___ Mond ____.
Ob sich das wohl lohnt?
Nun geht sie an den ___ Start ___.
doch, halt, stopp, ____ wart ___!
ruft da der Mäuserich.
Was willst du dort oben ohne ___ mich __?
Vergessen hast du deine ____ Sachen ___.
Was willst du nur da oben ____ machen ___?
Ohne Katzen, die dich ____ jagen ___.
Ohne Menschen, die dich ____ plagen ___.
Ohne an Käse und Wurst zu ____ nagen ____.
Kannst du es mir ____ sagen ___?
Du wirst doch nicht ohne mich starten!
Ich will nicht länger ____ warten ___.
Ich komme ___ mit __!
Dann sind wir bald zu ___ dritt __!

(104 Wörter)

Beim Start zum Mond sind die Wörter herausgefallen:

| Start | machen | **Mond** | jagen | wart | **warten** | nagen |
|2|2|2|3|1|4|3|

| dritt | **Reise** | mit | sagen | plagen | **mich** | Sachen |
|4|4|1|5|3|1|2|

1. Lies genau.
2. Unterstreiche Reimpaare mit gleicher Farbe.
3. Setze die Reimwörter passend ins Gedicht ein.
4. Schreibe das Gedicht richtig ab.

Die Mondmaus (3)

Heute startet die kleine Mondmaus ihre <u>Reise</u>. | Hoch hinauf will sie auf ganz besondere <u>Weise</u>. | Mit der Rakete auf zum <u>Mond</u>. | Ob sich das wohl <u>lohnt</u>? | Nun geht sie an den <u>Start</u>. | Doch, halt, stopp, <u>wart</u>! ruft da der <u>Mäuserich</u>. | Was willst du dort oben ohne <u>mich</u>? | Vergessen hast du deine <u>Sachen</u>. | Was willst du nur da oben <u>machen</u>? | Ohne Katzen, die dich <u>jagen</u>. | Ohne Menschen, die dich <u>plagen</u>. | Ohne an Käse und Wurst zu <u>nagen</u>. | Kannst du es mir <u>sagen</u>? | Du wirst doch nicht ohne mich <u>starten</u>! | Ich will nicht länger <u>warten</u>. | Ich komme <u>mit</u>! | Dann sind wir bald zu <u>dritt</u>!

(104 Wörter)

1. Lies die Reimgeschichte genau.
2. Unterstreiche alle Reimwörter (18) grün.
3. Trenne die Verse durch Schrägstriche ab.
4. Schreibe die Geschichte in Versform richtig ab, so dass daraus ein Gedicht entsteht.

Tiere im Zoo (1)

Krokodil
Tiger
Elefant
Hase
Papagei
Affe

1. Schlage die Tiere im Wörterbuch nach und sortiere sie nach Silben.

1 Silbe	Seite	2 Silben	Seite	3 Silben	Seite
		Tiger		Krokodil	
		Hase		Elefant	
		Affe		Papagei	

Zusatzaufgabe
* Suche weitere Tiere im Wörterbuch und trage sie in die Tabelle ein.

Tiere im Zoo (2)

Krokodil   Papagei
Tiger   Ente
Kamel   Affe
Elefant   Giraffe
Hase   Salamander

1. Schlage die Tiere im Wörterbuch nach und sortiere sie nach Begleitern.

der	Seite	die	Seite	das	Seite
Tiger		Ente		Krokodil	
Elefant		Giraffe		Kamel	
Hase					
Papagei					
Affe					
Salamander					

Zusatzaufgabe
* Suche weitere Tiere im Wörterbuch und trage sie in die Tabelle ein.

Tiere im Zoo (3)

1. Schlage die Tiere im Wörterbuch nach und schreibe sie richtig in das Bild.

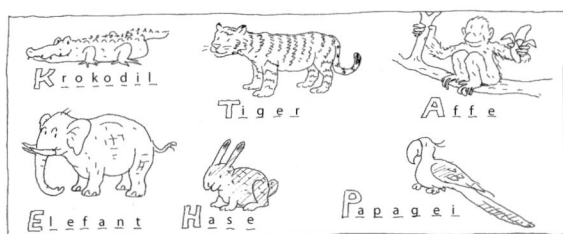

2. Schlage die Tiere im Wörterbuch nach und sortiere sie nach Begleitern.

der	Seite	die	Seite	das	Seite
Tiger		Ente		Krokodil	
Affe		Giraffe			
Elefant					
Hase					
Papagei					

3. Schreibe 2 Tiere mit dem Begleiter **die** aus dem Wörterbuch ab.

Zusatzaufgabe
* Erfinde besondere Tiere für den Zoo und male sie,
  z. B.: Tiger + Krokodil = Tigerkrokodil

In der Schule (1)

reden
lesen
danken
kleben
üben
singen

1. Schlage die Tunwörter im Wörterbuch nach.

Tunwort	Seite	Tunwort	Seite
reden		kleben	
lesen		üben	
danken		singen	

2. Schreibe die Wörter ab und male Silbenbögen darunter.

Zusatzaufgabe
* Schreibe Sätze: Die Kinder …

In der Schule (2)

reden   danken
lesen   kleben
geben   üben
rufen   kommen

1. Schlage die Tunwörter im Wörterbuch nach.

Tunwort	Seite	Tunwort	Seite
reden		danken	
lesen		kleben	
geben		üben	
rufen		kommen	

2. Schreibe Sätze: Ich …

3. Was machst du noch in der Schule? Schreibe weitere Tunwörter auf und kontrolliere mit dem Wörterbuch.

In der Schule (3)

1. Schaue dir das Bild an. Was siehst du?

2. Schreibe 5 Namenwörter auf und kontrolliere sie mit dem Wörterbuch.

Namenwort mit Begleiter	Seite
die Tafel	
der Stift	
das Buch	
das Kind	
der Stuhl	

3. Was machen die Kinder in der Schule? Schreibe 5 Tunwörter auf und kontrolliere sie mit dem Wörterbuch.

Tunwort	Seite
lesen	
schreiben	
malen	
melden	
laufen	

Zusatzaufgabe

* Wie ist es in der Schule?
Schreibe Wiewörter zu dem Bild auf und kontrolliere sie mit dem Wörterbuch.

Wiewort	Seite
leise / laut	
bunt / schön	

Schneemänner (1)

1. Sieh dir die beiden Schneemänner genau an.
Finde 5 Unterschiede und kreise sie ein.

2. Schlage die Namenwörter (Nomen) im Wörterbuch nach und schreibe sie richtig auf.

Namenwort (Nomen) mit Begleiter (Artikel)	Seite
der Hut	
der Besen	
die Schnur	
der Apfel	
die Karotte / Möhre	

Schneemänner (2)

1. Sieh dir die beiden Schneemänner genau an.
Finde die 8 Unterschiede und kreise sie ein.

2. Schlage die Namenwörter (Nomen) im Wörterbuch nach und schreibe sie richtig in die Tabelle.

Namenwort (Nomen) mit Begleiter (Artikel): Einzahl	Seite	Namenwort (Nomen) mit Begleiter (Artikel): Mehrzahl	Seite
die Wolke		die Wolken	
der Besen		die Besen	
der Hut		die Hüte	
die Karotte / Möhre		die Karotten / Möhren	
der Apfel		die Äpfel	
die Schnur		die Schnüre	
der Ball		die Bälle	
der Baum		die Bäume	

Schneemänner (3)

1. Sieh dir die beiden Schneemänner genau an. Finde die 8 Unterschiede und kreise sie ein.

2. Schlage die Namenwörter (Nomen) im Wörterbuch nach und schreibe sie richtig in die Tabelle.

Namenwort (Nomen) mit Begleiter (Artikel): Einzahl	Seite	Namenwort (Nomen) mit Begleiter (Artikel): Mehrzahl	Seite
die Wolke		die Wolken	
der Besen		die Besen	
der Hut		die Hüte	
die Karotte / Möhre		die Karotten / Möhren	
der Apfel		die Äpfel	
die Schnur		die Schnüre	
der Ball		die Bälle	
der Baum		die Bäume	

3. Setze die Wörter ein. Kontrolliere mit dem Wörterbuch.

Es ist Winter_____ (S.   ).
Die Kinder_____ (S.   ) rodeln.
Der Schneemann wartet.
Die Sonne_____ (S.   ) scheint warm.
Was ist mit dem Schneemann los?
Die Nase_____ (S.   ) tropft.

Zusatzaufgabe
* Schreibe weiter.

Lösungen

Sommer auf der Wiese (1)

Ein <u>Hase</u> **hop**pelt durch das Gras.
Eine <u>Biene</u> fliegt zur **Blu**me.
Auf dem **Bo**den **krab**belt eine <u>Ameise</u>.
Ein <u>Vogel</u> sitzt auf dem Baum.
Auf **ei**nem **grü**nen Blatt kriecht eine <u>Raupe</u>.

1. Suche die Tiere im Wörterbuch.

Tier mit Begleiter (Artikel)	Seite
der Hase	
die Biene	
die Ameise	
der Vogel	
die Raupe	

Sommer auf der Wiese (2)

Ein H<u>ase</u> **hop**pelt durch das Gras.
Eine B<u>iene</u> fliegt zur **Blu**me.
Auf dem **Bo**den **krab**belt eine A<u>meise</u>.
Ein V<u>ogel</u> sitzt auf dem Baum.
Auf **ei**nem **grü**nen Blatt kriecht eine R<u>aupe</u>.

1. Setze die Tiere ein.
2. Kontrolliere mit dem Wörterbuch.

Tier mit Begleiter (Artikel)	Seite
der Hase	
die Biene	
die Ameise	
der Vogel	
die Raupe	

Sommer auf der Wiese (3)

Ein <u>Hase</u> **hop**pelt durch das Gras.
Eine <u>Biene</u> fliegt zur **Blu**me.
Auf dem **Bo**den **krab**belt eine <u>Ameise</u>.
Ein <u>Vogel</u> sitzt auf dem Baum.
Auf **ei**nem **grü**nen Blatt kriecht eine R<u>aupe</u>.

1. Setze die Tiere ein.
2. Kontrolliere mit dem Wörterbuch.

Tier mit Begleiter (Artikel): Einzahl	Tier mit Begleiter (Artikel): Mehrzahl	Seite
der Hase	die Hasen	
die Biene	die Bienen	
die Ameise	die Ameisen	
der Vogel	die Vögel	
die Raupe	die Raupen	

Zusatzaufgabe
* Schreibe weiter: Wer ist noch auf der Wiese?

Tiere (1)

Viele Kinder in unserer Klasse haben Tiere.
Darunter sind: <u>Hase</u>, <u>Fisch</u>, <u>Hund</u>, <u>Katze</u>, <u>Vogel</u> und <u>Hamster</u>.
Tiere können wie ein guter Freund sein.
(24 Wörter)

1. Schlage die Tiere im Wörterbuch nach und trage sie richtig in die Tabelle ein.

Einzahl mit Begleiter (Artikel)	Seite
der Hase	
der Fisch	
der Hund	
die Katze	
der Vogel	
der Hamster	

2. Sortiere die Tiere nach dem ABC.

der <u>F</u>isch, der <u>H</u>amster, der <u>H</u>ase, der <u>H</u>und, die <u>K</u>atze, der <u>V</u>ogel

Zusatzaufgabe
* Hast du auch ein Tier? Erzähle davon.

Tiere (2)

Viele Kinder in unserer Klasse haben Tiere.
Darunter sind: H<u>ase</u>, F<u>isch</u>, H<u>und</u>, K<u>atze</u>, V<u>ogel</u> und H<u>amster</u>.
Tiere können wie ein guter Freund sein.

1. Schlage die Tiere im Wörterbuch nach und trage sie richtig in den Text und in die Tabelle ein.

Einzahl mit Begleiter (Artikel)	Seite
der Hase	
der Fisch	
der Hund	
die Katze	
der Vogel	
der Hamster	

2. Sortiere die Tiere nach dem ABC.

der <u>F</u>isch, der <u>H</u>amster, der <u>H</u>ase, der <u>H</u>und,

die <u>K</u>atze, der <u>V</u>ogel

Zusatzaufgabe
* Hast du auch ein Tier? Erzähle davon.

Lösungen

Tiere (3)

Viele Kinder in unserer Klasse haben Tiere.

Es gibt: __Hasen__  , __Fische__ _____ ,

_____ __Hunde__ _____ , __Katze__ _____ ,

_____ __Vögel__ _____ und _____ __Hamster__ _____

Tiere können wie ein guter Freund sein.

1. Schlage die Tiere im Wörterbuch nach und trage sie richtig in den Text und in die Tabelle ein.

Einzahl mit Begleiter (Artikel)	Mehrzahl mit Begleiter (Artikel)	Seite
der Hase	die Hasen	
der Fisch	die Fische	
der Hund	die Hunde	
die Katze	die Katzen	
der Vogel	die Vögel	
der Hamster	die Hamster	

2. Sortiere die Tiere nach dem ABC.

der Fisch, der Hamster, der Hase, der Hund,

die Katze, der Vogel,

3. Welche Tiere kennst du noch?

Sommer in der Stadt (1)

Die Sonne strahlt am Himmel und verzaubert die Stadt.
Die Häuser leuchten golden im Sonnenlicht.
Der Springbrunnen wird zum Wasserspielplatz für Kinder.
Die Eisverkäufer verteilen bunte Eisbällchen an die wartenden Menschen.
Und wir sitzen mit einem Eis in der Hand auf der Bank im Schatten und freuen uns über den schönen Tag.

(56 Wörter)

1. Schlage die unterstrichenen Wörter im Wörterbuch nach und trage sie richtig in die Tabelle ein.

Namenwörter (Nomen) mit Begleiter (Artikel)	Seite
der Sommer	
die Sonne	
der Himmel	
die Stadt	
das Eis	
die Hand	
die Bank	
der Tag	

2. Sortiere die Namenwörter (Nomen) nach dem ABC.

Sommer in der Stadt (2)

Die _____ __Sonne__ _____ strahlt am Himmel und verzaubert die Stadt.

Die _____ __Häuser__ _____ leuchten golden im Sonnenlicht.

Der Springbrunnen wird zum Wasserspielplatz für _____ __Kinder__ _____ .

Die Eisverkäufer verteilen bunte Eisbällchen an die wartenden Menschen.

Und wir sitzen mit einem _____ __Eis__ _____ in der _____ __Hans__ _____ auf der

_____ __Bank__ _____ im Schatten und freuen uns über den schönen Tag.

(56 Wörter)

> Tipp: Ein Namenwort gibt es nur in der Einzahl.

1. Setze die Namenwörter (Nomen) richtig ein und kontrolliere mit dem Wörterbuch.

Namenwort (Nomen) mit Begleiter (Artikel): Einzahl	Namenwort (Nomen) mit Begleiter (Artikel): Mehrzahl
die Sonne	die Sonnen
das Haus	die Häuser
das Kind	die Kinder
das Eis	
die Hand	die Hände
die Bank	die Bänke

Sommer in der Stadt (3)

Die Sonne strahlt am Himmel und verzaubert die Stadt.
Die Häuser leuchten golden im Sonnenlicht.
Der Springbrunnen wird zum Wasserspielplatz für Kinder.
Die Eisverkäufer verteilen bunte Eisbällchen an die wartenden Menschen.
Und wir sitzen mit einem Eis in der Hand auf der Bank im Schatten und freuen uns über den schönen Tag.

(56 Wörter)

Sommer in der stadt (3)

Die Sonne strahlt am Himel und verzaubert die Stadt.
Die Heuser leuchten golden im Sonnenlicht.
Der Springbrunnen wird zum Wasserspielplatz für kinder.
Die Eisverkäufer verteilen bunte Eisbällchen an die wartenden Menchen.
Und wir sitzen mit einem Eis in der hand auf der Bank im Schaten und freuen uns über den schönen tag.

(56 Wörter)

1. Vergleiche beide Texte miteinander. Unterstreiche 8 Unterschiede und kontrolliere die Wörter mit dem Wörterbuch.

2. Trage alle Wörter richtig in die Tabelle ein.

Namenwort (Nomen) mit Begleiter (Artikel)	Seite
die Stadt	
der Himmel	
die Häuser	
die Kinder	
die Menschen	
die Hand	
der Schatten	
der Tag	

Es ist Herbst (1)

Mit seiner ganzen Kraft pustet der <u>Wind</u> die Blätter von den Bäumen.
Sie <u>fliegen</u> wild geworden durch die Luft.
Dann <u>fallen</u> sie langsam und leise zur <u>Erde</u>.
Dort bedecken sie den <u>Boden</u> wie ein wunderschöner farbiger
Herbstteppich.
Hörst du das Laub unter deinen Füßen <u>rascheln</u>, wenn wir über
den bunten Blätterteppich <u>gehen</u>?
Das ist ein <u>Geschenk</u> der Natur.

(61 Wörter)

1. Schlage die unterstrichenen Wörter im Wörterbuch nach und trage sie richtig in die Tabelle ein.

Tunwort (Verb)	Seite	Namenwort (Nomen) mit Begleiter (Artikel)	Seite
fliegen		der Wind	
fallen		die Erde	
rascheln		der Boden	
gehen		das Geschenk	

77

Es ist Herbst (2)

Mit seiner ganzen Kraft bewegt der Wind die B<u>äume</u>  und
pustet die B<u>lätter</u> herunter. Sie fliegen wild geworden durch
die Luft. Dann fallen sie langsam und leise zur Erde. Dort bedecken sie den
Boden wie ein wunderschöner farbiger T<u>eppich</u> .
Hörst du, wie deine F<u>üße</u> durch das Laub rascheln, wenn du
über den bunten Blätterteppich gehst? Das ist ein G<u>eschenk</u>
der Natur.

(64 Wörter)

1. Setze die Wörter richtig in den Text ein und kontrolliere mit dem Wörterbuch.
2. Trage die Wörter richtig in die Tabelle ein.

Einzahl mit Begleiter (Artikel)	Mehrzahl mit Begleiter (Artikel)	Seite
der Baum	die Bäume	
das Blatt	die Blätter	
der Teppich	die Teppiche	
der Fuß	die Füße	
das Geschenk	die Geschenke	

78

Es ist Herbst (3)

Mit seiner ganzen Kraft pustet der <u>Wind</u> die Blätter von den Bäumen.

Sie <u>fliegen</u> wild geworden durch die Luft.

Dann <u>fallen</u> sie langsam und leise zur <u>Erde</u>.

Dort bedecken sie den <u>Boden</u> wie ein wunderschöner farbiger

Herbstteppich.

Hörst du das Laub unter deinen Füßen <u>rascheln</u>, wenn wir über den

bunten Blätterteppich <u>gehen</u>?

Das ist ein <u>Geschenk</u> der Natur.

(61 Wörter)

1. Kontrolliere mit dem Wörterbuch und trage alle Wörter richtig in die Tabelle ein.
2. Streiche falsch geschriebene Wörter im Text durch und schreibe das Wort richtig darüber.

Tunwort (Verb)	Seite	Namenwort (Nomen) mit Begleiter (Artikel)	Seite
fliegen		der Wind	
fallen		die Erde	
rascheln		der Boden	
gehen		das Geschenk	

79

Komm, wir bauen einen Schneemann (1)

Hast du schon mal einen echten Schneemann gebaut?

Mit einer K<u>arotte</u> als N<u>ase</u> ,

einem H<u>ut</u> , einem Sch<u>al</u>

und einem B<u>esen</u> ? Du kannst auch

große St<u>eine</u> als K<u>nöpfe</u>

verwenden. Wenn der Schnee nass genug ist, dann kannst du ihn prima

formen und zu einer großen K<u>ugel</u> rollen. Am besten geht das,

wenn du zunächst etwas Schnee in deine H<u>ände</u> nimmst

und zu einem kleinen B<u>all</u> formst. Dann setzt du den Schneeball

auf die Schneewiese und rollst ihn so lange, bis du eine richtig dicke

Schneekugel hast. Für einen Schneemann brauchst du zwei oder drei dicke

Kugeln, die du dann aufeinandersetzen musst.

(106 Wörter)

1. Setze die Wörter richtig in den Text ein und kontrolliere mit dem Wörterbuch.
2. Trage die Wörter richtig in die Tabelle ein.

Einzahl mit Begleiter (Artikel)	Mehrzahl mit Begleiter (Artikel)	Seite

80

Komm, wir bauen einen Schneemann (2)

Hast du schon mal einen echten Schneemann gebaut?
Mit einer K**arotte** _____ als N**ase** ,
einem H**ut** , einem Sch**al**
und einem B**esen** _____ ? Du kannst auch
große St**eine** _____ als K**nöpfe**
verwenden. Wenn der Schnee nass genug ist, dann kannst du ihn prima
formen und zu einer großen K**ugel** _____ rollen. Am besten geht das,
wenn du zunächst etwas Schnee in deine H**ände** _____ nimmst
und zu einem kleinen B**all** formst. Dann setzt du den Schneeball
auf die Schneewiese und rollst ihn so lange, bis du eine richtig dicke
Schneekugel hast. Für einen Schneemann brauchst du zwei oder drei dicke
Kugeln, die du dann aufeinandersetzen musst.

(106 Wörter)

1. Setze die Wörter richtig in den Text ein und kontrolliere mit dem Wörterbuch.
2. Trage die Wörter richtig in die Tabelle ein.

Einzahl mit Begleiter (Artikel)	Mehrzahl mit Begleiter (Artikel)	Seite

3. Ordne die Namenwörter (Nomen) nach dem ABC.

81

Komm, wir bauen einen Schneemann (3)

Hast du schon mal einen echten Schneemann gebaut?
Mit einer K**arotte** _____ als N**ase** ,
einem H**ut** _____ , einem Sch**al** _____
und einem B**esen** _____ ? Du kannst auch
große St**eine** _____ als K**nöpfe**
verwenden. Wenn der Schnee nass genug ist, dann kannst du ihn prima
formen und zu einer großen K**ugel** _____ rollen. Am besten geht das,
wenn du zunächst etwas Schnee in deine H**ände** _____ nimmst
und zu einem kleinen B**all** formst. Dann <u>setzt</u> du den Schneeball
auf die Schneewiese und <u>rollst</u> ihn so lange, bis du eine richtig dicke
Schneekugel <u>hast</u>. Für einen Schneemann <u>brauchst</u> du zwei oder drei dicke
Kugeln, die du dann aufeinandersetzen <u>musst</u>.

(106 Wörter)

1. Setze die Wörter richtig in den Text ein und kontrolliere mit dem Wörterbuch.
2. Trage die Wörter richtig in die Tabelle ein.

Einzahl mit Begleiter (Artikel)	Mehrzahl mit Begleiter (Artikel)	Seite

3. Schlage die unterstrichenen Tunwörter (Verben) im Wörterbuch nach.

Tunwort (Verb)	Tunwort (Verb) in der Grundform	Seite
du setzt	setzen	
du	rollen	
du	haben	
du	brauchen	
du	müssen	

82

Frühling (1)

Endlich ist der Frühling da.
Wir <u>riechen</u> ihn in der Luft.
Wir <u>sehen</u> ihn im <u>Garten</u>.
Die Tulpen blühen.
Wir <u>hören</u> ihn auf dem <u>Dach</u>.
Die Vögel <u>singen</u>.
Wir fühlen ihn im <u>Gesicht</u>.
Die <u>Sonne</u> scheint warm.
Kannst du den Frühling auch schmecken?

(44 Wörter)

1. Schlage die unterstrichenen Wörter im Wörterbuch nach und trage sie richtig
in die Tabelle ein.

Tunwort (Verb)	Seite	Namenwort (Nomen) mit Begleiter (Artikel)	Seite
riechen		der Garten	
sehen		das Dach	
hören		das Gesicht	
singen		die Sonne	

83

Frühling (2)

Endlich ist der Frühling da.

Wir <u>riechen</u> ihn in der Luft.

Wir <u>sehen</u> ihn im <u>Garten</u>.

Die Tulpen blühen.

Wir <u>hören</u> ihn auf dem <u>Dach</u>.

Die Vögel <u>singen</u>.

Wir fühlen ihn im <u>Gesicht</u>.

Die <u>Sonne</u> scheint warm.

Kannst du den Frühling auch schmecken?

(44 Wörter)

1. Kontrolliere mit dem Wörterbuch und trage alle Wörter richtig in die Tabelle ein.
2. Streiche falsch geschriebene Wörter im Text durch und schreibe das Wort richtig darüber.

Tunwort (Verb)	Seite	Namenwort (Nomen) mit Begleiter (Artikel)	Seite
riechen		der Garten	
sehen		das Dach	
hören		das Gesicht	
singen		die Sonne	

84

Tania von Minding: Alternative Diktatformen
© Persen Verlag

Frühling (3)

Endlich ist der Frühling da.
Wir <u>riechen</u> ihn in der Luft.
Wir <u>sehen</u> ihn im <u>Garten</u>.
Die Tulpen blühen.
Wir <u>hören</u> ihn auf dem Dach.
Die Vögel <u>singen</u>.
Wir fühlen ihn im <u>Gesicht</u>.
Die <u>Sonne</u> scheint warm.
Kannst du den Frühling auch
schmecken?

(44 Wörter)

Frühling (3)

Endlich ist der Frühling da.
Wir <u>Riechen</u> ihn in der Luft.
Wir <u>Sehen</u> ihn im <u>garten</u>.
Die Tulpen blühn.
Wir <u>Hören</u> ihn auf dem <u>dach</u>.
Die Vögel <u>Singen</u>.
Wir fühlen ihn im <u>gesicht</u>.
Die <u>sonne</u> scheint warm.
Kannst du den Frühling auch
schmecken?

(44 Wörter)

1. Vergleiche beide Texte miteinander.
   Unterstreiche 8 Unterschiede und kontrolliere die Wörter mit dem Wörterbuch.

2. Trage alle Wörter richtig in die Tabelle ein.

Tunwort (Verb)	Seite	Namenwort (Nomen) mit Begleiter (Artikel)	Seite
riechen		der Garten	
sehen		das Dach	
hören		das Gesicht	
singen		die Sonne	

Der kleine Marienkäfer Max (1)

Es ist Frühling im <u>Land</u>. Der kleine Marienkäfer Max
fliegt hinaus auf die <u>Wiese</u>. Er fliegt lustig von <u>Blume</u>
zu Blume. Dabei freut er sich über die warmen Sonnenstrahlen. Da sieht er
in einer <u>Pfütze</u>, dass er nur vier <u>Punkte</u> auf seinem <u>Rücken</u>
hat. Sein <u>Freund</u>
Theo hat schon sechs. Das ist ungerecht, denkt der kleine <u>Käfer</u> und setzt
sich schnell in die <u>Sonne</u>. Denn ein Menschenfreund hat ihm erzählt, dass er
braune Punkte bekommt, wenn er sich im <u>Frühling</u> in die erste Sonne setzt.

(89 Wörter)

1. Ordne die unterstrichenen Wörter nach dem ABC.

2. Schlage die Namenwörter (Nomen) im Wörterbuch nach und gib den Begleiter (Artikel) an.
   Schreibe die Mehrzahl auf.

Einzahl mit Begleiter (Artikel)	Mehrzahl mit Begleiter (Artikel)	Seite
die Blume	die Blumen	
der Freund	die Freunde	
der Frühling	die Frühlinge	
der Käfer	die Käfer	
das Land	die Länder	
die Pfütze	die Pfützen	
der Punkt	die Punkte	
der Rücken	die Rücken	
die Sonne	die Sonnen	
die Wiese	die Wiesen	

Zusatzaufgabe
* Wie nennt man die Punkte, die der Menschenfreund meint?

Der kleine Marienkäfer Max (2)

Es <u>ist</u> Frühling, und die Sonne <u>scheint</u>. Der kleine
Marienkäfer Max <u>fliegt</u> hinaus auf die Wiese. Er <u>flattert</u>
lustig von Blume zu Blume. Dabei <u>freut</u> er sich über die warmen
Sonnenstrahlen. Da <u>sieht</u> er in einer Wasserpfütze, dass er nur vier Punkte
auf seinem Rücken hat. Sein Freund Theo <u>hat</u> schon sechs. Das ist
ungerecht, <u>denkt</u> der kleine Käfer und setzt sich schnell in die Sonne.
Denn ein Menschenfreund hat ihm <u>erzählt</u>, dass er braune Punkte <u>bekommt</u>,
wenn er sich im Frühling in die erste Sonne setzt.

(91 Wörter)

1. Trage die unterstrichenen Tunwörter (Verben) in die Tabelle ein und schreibe die Grundform auf.

2. Kontrolliere mit dem Wörterbuch.

Tunwort (Verb)	Grundform	Seite
es ist	sein	
sie scheint	scheinen	
er fliegt	fliegen	

3. Schreibe 5 der Tunwörter (Verben) in der einfachen Vergangenheit auf und kontrolliere
   mit dem Wörterbuch.

Tunwort (Verb) in der Grundform	Einfache Vergangenheit	Seite
fliegen	er flog	
denken	er dachte	
sehen	er sah	
scheinen	es schien	
haben	er hatte	

Zusatzaufgabe
* Wie nennt man die Punkte, die der Menschenfreund meint?

Der <u>kleine</u> Marienkäfer Max (3)

Es ist Frühling. Der kleine Marienkäfer Max <u>fliegt</u>

hinaus auf die Wiese. Er fliegt <u>lustig</u> von Blume zu Blume. Dabei <u>freut</u> er sich

über die warmen Sonnenstrahlen. Da sieht er in einer Wasserpfütze, dass er

nur <u>vier</u> Punkte auf seinem <u>Rücken</u> hat. Sein <u>Freund</u> Theo hat schon sechs.

Das ist ungerecht, <u>denkt</u> der kleine Käfer und setzt sich <u>schnell</u> in die Sonne.

Denn ein Menschenfreund hat ihm erzählt, dass er braune Punkte bekommt,

wenn er sich im <u>Frühling</u> in die erste Sonne setzt.

(87 Wörter)

1. Kontrolliere mit dem Wörterbuch und trage alle Wörter richtig in die Tabelle ein.

2. Streiche falsch geschriebene Wörter im Text durch und schreibe das Wort richtig darüber.

Namenwort (Nomen) mit Begleiter (Artikel)	Seite	Tunwort (Verb)	Seite	Wiewort (Adjektiv)	Seite	Restwort	Seite
der Rücken		fliegt		klein(e)		vier	
der Freund		freut		lustig			
der Frühling		denkt		schnell			

Zusatzaufgaben
* Wie nennt man die Punkte, die der Menschenfreund meint?
* Informiere dich:
  Welche Bedeutung haben die Punkte beim Marienkäfer?
  Wie bekommt der Marienkäfer wirklich seine Punkte?

Tania von Minding: Alternative Diktatformen
© Persen Verlag

Die Hausaufgabenhexe (1)

Tina sitzt an ihrem <u>Tisch</u> im <u>Zimmer</u>. Sie kaut auf ihrem <u>Bleistift</u> herum und starrt an die <u>Wand</u>. Sie hat keine Lust auf die Hausaufgaben. Da sieht sie, wie aus der Wand eine kleine Figur kommt. Es ist die kleine Hausaufgabenhexe. Rasch löst sie Tinas <u>Aufgabe</u> und verschwindet wieder. Das <u>Mädchen</u> wundert sich, dass ihr die Aufgaben plötzlich so leicht fallen. Am nächsten <u>Tag</u> packt sie ihr <u>Heft</u> aus und liest die <u>Geschichte</u> von der Hausaufgabenhexe in der <u>Klasse</u> vor.

(82 Wörter)

1. Ordne die unterstrichenen Wörter nach dem ABC.

2. Schlage die Wörter im Wörterbuch nach und gib den Begleiter (Artikel) an.

Namenwort (Nomen) mit Begleiter (Artikel)	Seite
der Tisch	
das Zimmer	
der Bleistift	
die Wand	
die Aufgabe	
das Mädchen	
der Tag	
das Heft	
die Geschichte	
die Klasse	

89

Die Hausaufgabenhexe (2)

Tina <u>sitzt</u> an ihrem Tisch im Zimmer. Sie <u>kaut</u> auf ihrem Bleistift herum und <u>starrt</u> an die Wand. Sie <u>hat</u> keine Lust auf die Hausaufgaben. Da <u>sieht</u> sie, wie aus der Wand eine kleine Figur <u>kommt</u>. Es ist die kleine Hausaufgabenhexe. Rasch <u>löst</u> sie Tinas Aufgabe und verschwindet wieder. Das Mädchen <u>wundert</u> sich, dass ihr die Aufgaben plötzlich so leicht fallen. Am nächsten Tag <u>packt</u> sie ihr Heft aus und <u>liest</u> die Geschichte von der Hausaufgabenhexe in der Klasse vor.

(82 Wörter)

1. Trage die unterstrichenen Tunwörter (Verben) in die Tabelle ein und schreibe die Grundform auf.

2. Kontrolliere mit dem Wörterbuch.

Tunwort (Verb)	Grundform	Seite
sie sitzt	sitzen	
sie kaut	kauen	
sie starrt	starren	
sie hat	haben	
sie sieht	sehen	
sie kommt	kommen	
sie löst	lösen	
sie wundert (sich)	wundern	
sie packt	packen	
sie liest	lesen	

Zusatzaufgabe
* Ordne die Tunwörter (Verben) nach dem ABC.

90

Die Hausaufgabenhexe (3)

Tina sitzt an ihrem <u>tisch</u> im <u>Zimer</u>. Sie kaut auf ihrem <u>Bleistieft</u> herum und starrt an die <u>Want</u>. Sie hat keine Lust auf die Hausaufgaben. Da sieht sie, wie aus der Wand eine kleine Figur kommt. Es ist die kleine Hausaufgabenhexe. Rasch löst sie Tinas <u>aufgabe</u> und verschwindet wieder. Das <u>Mädschen</u> wundert sich, dass ihr die Aufgaben plötzlich so leicht fallen. Am nächsten <u>tag</u> packt sie ihr <u>Hefft</u> aus und liest die <u>Gechischte</u> von der Hausaufgabenhexe in der <u>Klase</u> vor.

(82 Wörter)

1. Kontrolliere mit dem Wörterbuch und trage die Wörter richtig in die Tabelle ein.

Namenwörter (Nomen) mit Begleiter (Artikel)	Seite
der Tisch	
das Zimmer	
der Bleistift	
die Wand	
die Aufgabe	
das Mädchen	
der Tag	
das Heft	
die Geschichte	
die Klasse	

2. Ordne die Namenwörter (Nomen) nach dem ABC.

91

Tania von Minding: Alternative Diktatformen
© Persen Verlag

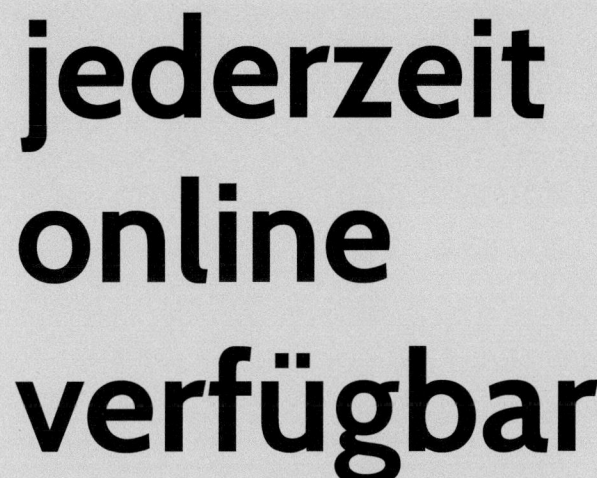